卡尔顿・华虚朋

(Carleton Washburne，1889—1968)

华虚朋是美国著名教育家和教育实验家，20 世纪进步教育运动的主要人物之一。他曾任美国进步教育协会主席，并长期担任美国伊利诺伊州文纳特卡镇学监，持续开展文纳特卡教学实验。作为“文纳特卡制”创始人，他的教育思想在包括我国在内的许多国家产生了重要影响。同时，他还多次到世界各国讲学和实地考察，撰写了大量教育考察报告。《欧洲新学校》一书就源自他在 1922 年和 1923 年之交的一次欧洲教育考察。其间他访问了 12 所位于欧洲的实验学校。该书以夹叙夹议的方式，一校一章，为欧洲新教育运动留下了一个隽永的剪影。

时隔近一个世纪，书中记录的学校教育实验即使在今天看来仍然具有重要价值，其背后的教育智慧对当代学校变革不乏启发和借鉴意义，而作者广博的见闻和长期实践积累而来的教育经验更使其作品别具风味，值得重视和研究。本书除“译者前言”和“正文”外还附录了《华虚朋的教育人生》一文，对华虚朋的教育实验、教育考察以及相关的事实和影响进行了介绍和讨论。本书主要供广大中小学教师、高等院校教育学科的师生、教育科研工作者以及对教育问题感兴趣的学生家长阅读和参考。

NEW SCHOOLS IN THE OLD WORLD

by

CARLETON WASHBURNE

in collaboration with

MYRON M. STEARNS

New York

THE JOHN DAY COMPANY

1926

汉 译 世 界 教 育 经 典 丛 书

欧洲新学校

[美] 卡尔顿·华虚朋　迈伦·斯特恩斯　著
丁道勇　译

中国教育出版传媒集团
人民教育出版社
·北京·

图书在版编目(CIP)数据

欧洲新学校/（美）华虚朋，（美）迈伦·斯特恩斯著；丁道勇译. —北京：人民教育出版社，2023.5（2024.7重印）

（汉译世界教育经典丛书）

ISBN 978-7-107-37058-8

Ⅰ. ①欧… Ⅱ. ①华… ②迈… ③丁… Ⅲ. ①教育—研究—欧洲 Ⅳ. ①G55

中国国家版本馆 CIP 数据核字（2023）第 075167 号

汉译世界教育经典丛书　欧洲新学校

出版发行	人民教育出版社 （北京市海淀区中关村南大街 17 号院 1 号楼　邮编：100081）
网　　址	http://www.pep.com.cn
经　　销	全国新华书店
印　　刷	保定市中画美凯印刷有限公司
版　　次	2023年 5 月第 1 版
印　　次	2024年 7 月第 2 次印刷
开　　本	890 毫米×1 240 毫米　1/32
印　　张	6.125
插　　页	1
字　　数	159 千字
印　　数	1 501～3 500 册
定　　价	25.00 元

出版说明

教育经典是在教育史上具有影响力的权威性著作，是教育名家教育思想与教育实践经验的总结和理论概括，是人类教育发展史上的辉煌篇章，是教育思想宝库中的璀璨明珠，它们对当时及后来的世界教育改革与发展产生了重大的影响，至今仍具有强大的生命力。

人民教育出版社建社近60年来，一直重视教育科学研究，积极推动教育思想和学术成果的传播，策划编辑出版了大量优秀的教育理论学术研究成果，包括一系列的外国教育经典名著，为服务教育、繁荣学术、积累文化作出了应有的重要贡献。例如，20世纪80—90年代，人民教育出版社组织翻译出版了《外国教育名著丛书》（38种44册），主要收录了从古希腊时期到20世纪初叶的教育名著。它是新中国第一套比较全面系统介绍古往今来外国著名教育家代表作的丛书。这套丛书出版后在我国（包括港澳台地区）产生了十分广泛而又深远的影响，多年来深受读者欢迎，至今仍在反复重印再版，成为广大教育科研人员、师范院校师生及中小学幼儿园教师的必备书。

随着我国教育改革特别是基础教育课程改革的深入，广大教师更加迫切需要了解世界教育发展史上丰富多彩的教育思想和波澜壮阔的教育实践，以从中吸取智慧和经验教训。在纪念中国改革开放30周年之际，为了进一步适应教育领域深化改革、扩大开放的需要，为了继续向广大教育工作者尤其是从事教育专业研究和学习的教师、学生和研究人员提供宝贵的学习资料和研究文献，我们在教育部和新闻出版总署的领导和大力支持下，又策划了《汉译世界教育经典丛书》。本丛书已经被批准为“十一五”国家重点图书出版项目。本丛书重点收录20世纪初叶以来的世界教育名著，与《外国教育名著丛书》相互衔接，互为补充，各有侧重，相得益彰；凡《外国教育名著丛书》已经收录的，本丛书不再收录。

本着取精用弘的原则，入选《汉译世界教育经典丛书》的著作都是在世界教育发展史上产生过重大影响的教育家的代表作，其中不少是首次介绍给我国读者。为了便于读者学习与阅读，我们特请译者或相关专家为每本书撰写前言或中译本序，对作者及其著作进行全面的导读性介绍；同时，每本书还附有作者照片插图，有的书还附有生平著述年表等。

编辑出版《汉译世界教育经典丛书》是一项重要的文化教育工程，具有极为重要的理论意义和现实意义。欢迎广大读者对本丛书的编辑出版提出宝贵意见，以使之更臻完善。

人民教育出版社

2008年8月

总目录

译者前言

卡尔顿·华虚朋（Carleton W. Washburne，1889—1968）是美国进步教育运动时期著名的教育家。他一方面长期担任伊利诺伊州文纳特卡镇学监（1919—1945），另一方面多次实地考察美国及世界各大洲教育状况（1922—1923、1927、1930—1931、1941—1942、1942、1943—1949），留下了大量教育考察报告。这两项工作相得益彰，让华虚朋既有长期稳定的教育实验场所，又得以克服自我设限和眼界狭隘的毛病，让他成为整个近代教育史上独一无二的人物。华虚朋自幼接触进步教育运动，成年后则成为其中的中坚力量。他领导的文纳特卡教育实验，和当时流行的设计教学法、道尔顿制、葛雷制等齐名，其学校是众多教育者热情拜访的所在。他本人长期担任美国“进步教育协会”主席（1939—1943）以及欧洲“新教育联谊会”主席（1947—1956）①，推动了进步教育运动在20世纪30年代的转向。华虚朋的工作在民国时期就引起了国人的关注。相关的实据包括报纸和学术刊物上的介绍和讨论，一些中国

① “进步教育协会（Progressive Education Association）”于1919年在美国成立，1944年改名为“美国教育联谊会（American Education Fellowship）”，1953年改回原名，1955年解散。“新教育联谊会（New Education Fellowship）”于1921年在英国成立，1966年改名为“世界教育联谊会（World Education Fellowship）”。该组织目前附属于联合国教科文组织，是一家非营利组织。

学校的教育实验，以及本书的旧版中译本①（详情参看本书附录：《华虚朋的教育人生》）。

1922年11月至1923年1月，在文纳特卡学校董事会的支持下，华虚朋等人进行了一次为期三个月的欧洲教育考察。他们每到一个国家，就访问当地知名的教育者，进而从他们那里打探该国最能代表新教育思想的学校。用这种滚雪球式的办法，他们访问了总计21所欧洲学校。这本《欧洲新学校》（*New Schools in the Old World*），分12章介绍了其中的12所，报告内容涉及欧洲八国。本书和它的姊妹篇《更好的学校》（*Better Schools*：*A View of Progressive Education in American Public Schools*），以及《苏俄普通学校》（*The Common Schools of the R. S. F. S. R.*）、《人类再造者》（*Remakers of Mankind*）等作品一道，记录了20世纪早期发生在世界各地的众多实验教育。华虚朋的这些记录有一种忠实、鲜活的风味。凭着这些富有现场感的记录，时间仿佛被定格了。我们因此有机会追随作者，去访问那些不起眼的学校，去认识那些了不起的教育者。

在主流的办学模式以外，近百年来的学校发展史上还有一条隐藏的主线。它绵延至今、从未断绝。尽管从招生规模的角度来看，这类实验学校的影响可以说微乎其微。但是，往往正是这些实验学校贡献了富有创新精神的教育经验，进而挑战主流的教育方式，成

① ［美］华虚朋等著，唐现之译：《欧洲新学校》，中华书局1931年版。

为公立学校在寻求变革时的重要参考①。从这个意义上说，出现在当日欧美的这些实验学校，的确有值得回顾的价值。在教育问题上，没有必要追求前沿和时髦。我们要做的是坚持正确的方向。正确的东西，会自动获得持久的生命力。

今天，相当一部分国人对于学校教育感到不满，但是似乎谁也不知道出路在哪里。作为办学者的教师和校长，身处舆论风暴的中心。他们一方面感到委屈，觉得自己一直在付出，却总是被人误会；另一

① 在简体中文书籍当中，有关 20 世纪早期若干实验学校的办学情况，可参考张斌贤的《改变美国教育的儿童中心学校》，山西人民出版社 2018 年版。有关 20 世纪末期若干实验教育的办学情况，可参考的［美］Ronald E. Koetzsch 著，薛晓华、卢美贵译的《学习自由的国度：另类理念学校在美国的实践》，华东师范大学出版社 2005 年版。有关台湾若干实验教育的办学情况，可参考李雅卿的《种子学苑教育手记》，首都师范大学出版社 2016 年版；李崇建、甘耀明：《没有围墙的学校：体制外的学习天空》，首都师范大学出版社 2010 年版。有关实验教育的另外一些简体中文书籍，比如［美］古德莱德、安德森著，谢东海、吕雪金、袁文辉、翁璇译的《不分级小学》，教育科学出版社 2006 年版；［英］尼尔著，王克难译的《夏山学校》，南海出版公司 2006 年版；［美］阿克夫、格林伯格著，杨彩霞译的《翻转式学习》，中国人民大学出版社 2015 年版；［美］格林伯格著，章双、贾思婷译的《瑟谷学校传奇 I：童年的王国》，华东师范大学出版社 2017 年版；李新玲的《在家上学》，中央广播电视大学出版社 2012 年版。

另外，国内也有一些实验教育案例，尽管它们的成熟程度参差不齐。我曾到访过的有："达祖小学""分众美丽小学""云朵幼儿园""猫猫果儿""野猪林""蔬菜社区""实务学堂""成都华德福学校""先锋学习社区""好奇学校""玄鸟书屋""田字格兴隆实验小学""北京南山华德福学校""北京天下溪"。我尚未及拜访的还有很多，比如"一土学校""探月学院"等。目前已出版的两个学校案例，可参考丁道勇、李云、余跃、陈灿灿的《乡村学校变革中的效率与制度：以云南分众美丽小学为例》，《中国乡村教育发展报告（2021）》，社会科学文献出版社 2021 年版，第 75—95 页；丁道勇、李云、侯芊宇的《乡村学校与文化自觉：来自四川达祖小学的探索》，《中国乡村教育发展报告（2021）》，社会科学文献出版社 2021 年版，第 96—115 页。

方面又举步维艰，有一种“徒呼奈何”的无力感。面对政府、学校、家长各方力量相互锁死的胶着现实，这本书也许能从遥远的时空吹进来一点新鲜空气。要知道，今天的办学者面对的困境，前人也一样不少地经历过。区别仅在于，我们常常畏之如虎的那些困难，这些前辈实验者却以自己的睿智、勇气，尤其是理想主义的情怀，逐一克服了。(可叹的是，“理想主义”这个词，在今天的教育界竟然有成为贬义词的趋势。)无论其办学规模如何、持续时间如何，他们都给这个世界留下了自己的那一份教育遗产。读这本书，可能的收获不在于某种可以照搬的做法，而在于得到一点士气上的鼓舞。我读这本书的最大体会是，这些案例进一步坚定了我的信心——那些初看起来不可能的选项，原来早就有人尝试过了，甚至还取得了不小的成绩。

全书由我负责翻译。我指导的 2018 级研究生宫奕莹同学提供了本书第一至六章的初译稿。关于本书及作者的其他信息可以参看本书附录《华虚朋的教育人生》和本人个人微信公众号“教师阅读推介”。和另外一些译书选题类似，《欧洲新学校》也是我开设的本科生“教育学”课程的阅读材料之一。译这本书，最初只是为了服务于自己的教学，后来才觉得它对于教育同行来说或许也可一观。可惜的是，由于年代久远，包括华虚朋在内的许多人，都渐渐淡出了当代教育者的视野。除了少数修读“教育学”课程的同学们，一线教师和校长多半没有机会接触这类书。可是，恰恰是这些一线教育者，才是真正需要这类书籍的人啊！我相信，即使是最勇敢、最有想法、最有情怀的教育者，也需要时不时的鼓励。而最大的鼓励，莫过于有人告诉他们，真的有先行者在，真的有同行者在。这本书正是这样的，我相信会有教育者喜欢它。

在教育改进的条件方面，今天流行着一种错觉，以为教育改进只是极少数优势学校的事——就是那些硬件先进、生师比极小、学生成绩拔尖的地方。至于薄弱学校，跟着优势学校的风向走就好了。怎么可以这样呢？这本书告诉我们，多么破落的校园、多么大的生师比、多么差的学生起始条件，都可以在办学上出成绩，甚至在教育史上留下自己的名字。在教育改进一事上，没必要去羡慕那些闻名的领跑者。要知道，每所学校最终都只能干自己的活、吃自己的饭，别人碗里的，再好也无关。适应自家情况，帮助自家学生，解决一个又一个他们面临的真实问题。这本书报告的那些实验学校，示范了一种舍我其谁的力行精神。

在教育改进的内容方面，今天也有一种错觉在流行着，以为教育改进只是做一做加减法——给学术性部分减肥，给非学术性部分增肥；而且，适合展示、可能让人热泪盈眶的，似乎只是正在增肥的那部分。怎么可以这样呢？学校工作的学术性部分也许不那么酷，不适合展示在学校公众号上，可这恰恰是学校最初的本分啊。这本书告诉我们，学校要优先把学术性部分安顿好。恰恰是在安顿好学术性部分以后，学校才有可能腾出手来从事那些非学术性的部分。学生在校内吹吹打打，在校外焚膏继晷，这得多么荒唐。我们要学会给孩子们算学习时间的总账，给他们提供平衡的教育：学校在校内切实解决好学术性的部分，孩子们在校外就有更多深入这个世界的机会；学校荒废本业，是让教师舍本逐末、自废武功。我相信，这本书报告的那些实验学校，提供了一个个历史锚点，可以帮助今天的教育者抵御各种时尚的侵扰。

丁道勇

2020 年 2 月 6 日晚于北京师范大学

欧洲新学校

目　录

致 谢

感谢我的太太，是她的提议促成了这项研究。在整个研究过程中，她和我们通力合作，又协助我们完成了这份报告。弗洛伦斯·布雷特（Florence Brett）和玛贝尔·沃格尔（Mabel Vogel）陪同我们访问了书中的大部分学校，并协助参观了许多班级。文纳特卡教育委员会，慷慨应允我访问欧洲学校。所有接受访问的校长，都极其友善、热情。捷克斯洛伐克少年红十字会的保拉·莫诺洛娃（Paola Molnorova），让我们在该国的研究得以实现并且非常愉快。尊敬的美国教育部部长约翰·泰格特（John Tigert）先生、伊利诺伊州教育局长弗朗西斯·布莱尔（Francis G. Blair）先生、芝加哥大学的查尔斯·贾德（Charles H. Judd）教授，感谢你们为我提供的重要引荐和相关文书。另外，本书有两到三章曾刊发于《进步教育》（*Progressive Education*），感谢杂志方允许我以书的形式再版这些内容。

致家长

本书介绍了 12 所分布在欧洲各地的进步学校。初看起来这似乎很简单，只不过是对一些国外先进学校的概述罢了。但是，如果你从自家孩子上学的角度来阅读每一章，这些描述就会变得重要起来了。在这些学校里上学的孩子们是幸运的，学校培养了他们的种种优秀品质。如果你能从中找到一点点育人的方法，那就算得到本书的真谛了。你还会注意到书中学校的教育方式，与你孩子所在学校的不同之处。每读一章，你都会发现，这些学校与美国传统教育方式之间存在巨大差异。将两种教育方式及其结果进行对比，你还会发现更多差异。

教育将迎来崭新的篇章，届时每个孩子都将成为他自己。位于前沿的那些学校，已经看到了黎明的曙光。

在这黎明时分，有些学校还笼罩在阴影之中，人们还没有苏醒。在多数学校所在的山谷里，黑夜仍在统治一切。可是，这样的夜晚并不适合酣眠，因为随处都是让人感到困惑的黑暗。在这样的学校里，心怀善意的人们也只能摸索着前行，去粗暴地对待年幼的孩子们。这样的黑暗使不同的孩子只能受到相同的对待。

孩子们被干瘪的事实塞满了。由于不能了解他们的兴趣和欲望，不能了解他们在思维和性情上的不同，孩子们不得不像兽群那样，被成群地从一个年级驱赶到另一个年级。他们总是被迫像鹦鹉一样学习，而不是被培养为更好的人。他们的能力被忽视了，以便有更多的时间进行心智训练。而且，这往往是一些不愉快甚至无用、有害的训练。在离开学校的那一天，他们常常不那么自信，不那么快乐，不能独立思考，不能应对生活中遇到的问题。看起来，这简直还不如完全不去上学呐。

为了搞清楚事情的原委，看看如何应对发生在美国的这场危机，我们必须回过头去看看过去时代的状况。

对于总体上处于拓荒时代的美国来说，正规教育相对来说并没有那么重要。知识来自森林和田野，来自日常所需和工作，来自父母、兄弟姊妹或者自己的伙伴。在家庭和社会以外，学校对教育起到的是补充的作用。学校可以教孩子们读写算，以及别的一些共通的基本知识。这些知识无法在日常生活中获得，可是要在任何复杂的社会结构当中取得成功，这些知识都是必要的。至于那些将要进入专业领域的人（尤其是神职人员），为他们服务的高等教育机构甚至在殖民地时代早期就已经出现了。这包括文理中学和美国历史上最早的一批学院。专业人才的培养严重依赖于神学、法学和医学方面的正规化诉求——主要是古典文化方面的知识，以及我们一股脑儿地归到了“通识教育”或“博雅艺术”的名目之下的一些零碎的文化知识。后来，我们这个国家逐渐开始发展，城市如雨后春笋般建立起来。我们开始步入一个机械化和工业化的科学发展时代。这是铁路、蒸汽船、电力、工厂的时代，这是汽车、摩天大楼，以及基于电报、电话和无线电的快速通信的时代。更重要的是，我们在商业以及新的政治、经济社会需求之上，建立了一套复杂的顶层设计。社会发展远远超过了学校的发展。

与此同时，我们开始了普及教育的伟大试验，以满足这个新的、无限复杂的社会结构对于下一代的要求。学校规模扩大了，起码看起来变得越来越重要了。在校学习时间延长了，并且出于新的经济需求，其课程也在一点一滴地发生改变。

要注意的是，美国早期的学校仅仅起到了辅助作用，它们是现行教育系统的前身。在当时，学校被用来为生活给予的知识以及发展课外获得的能力做补充，这保证了最低限度的正规学习的某些优势。然而，今天的美国学校已经远远超出了前人的想象，人们开始要求学校去帮助孩子们为“生活本身”做准备。

的确，在过去半个世纪里，美国公立学校发生了翻天覆地的变化。可是，学校所要满足的儿童的教育需求也在发生变化，甚至变化速度更快。诸如主动性、独立性、责任感、个性、高效工作以及合作能力，过去在很大程度上是在学校以外培养起来的。“小红房子学校”① 提供了读写算方面的实用知识，理论上还可以提供一些自我控制方面的训练以及大量应用。今天，我们希望学校能培养学生的个性，以及富有建设性的、独立思考的能力。如果满堂灌这样的旧制度未能达到这些效果，我们就会表示震惊和失望。

为了发现新方向以及得到尽可能多的帮助以解决现代学校面临的巨大问题，我们需要研究欧洲、美国那些富有前瞻性的教育家们应用的方法以及众多的进步学校，以此来发展常识、培养独立意识、创造力和理解力，同时又兼顾分数、乘法表以及地理位置这类知识。

教育既是单个国家的问题，也是一个国际性问题。全世界的人，在人性上都差不多。如果意大利的玛丽亚·蒙台梭利（Maria Montessori）夫人发现了一种让孩子们自学的新方法，那我们自然希望了解这种方法，并把这些新东西用在我们自己的学校里，造福我们自己的孩子。如果比利时的奥维德·德可乐利（Ovide Decroly）在设计新材料、采取适应儿童个性的弹性方法方面，比蒙台梭利要更胜一筹，那我们也想要了解他的工作，并设法从中受益。蒙台梭利法已经风靡全美，她的名字家喻户晓。但是，对于德

① 译者注：“小红房子学校”（little red school house）是美国殖民地时期及建国初期由地方（社区）筹办的一类学校，外观上通常是一栋小红房子，因此得名。

可乐利的工作，我们知之甚少。巴德利（J. H. Badley）在彼得莱斯的工作，重新评估了男女合校教育的价值。对此，我们也应该有所了解。杰西·麦金德（Jessie Mackinder）女士对于伦敦贫民区儿童的出色工作，表明了自我教育的全部主旨。在法国，罗歇·库西内（Roger Cousinet）在分组教学方面取得的成功，使我们想到设计教学法①的那些尚未实现的可能。所有这一切，都值得我们去了解。

---

① 译者注："project method"，在民国时期被译作"设计教学法"，并一直沿用至今。这个概念直译过来是"项目式方法"，与"项目式学习"（Project-Based Learning，PBL）是一回事。

在20世纪早期，克伯屈（William Heard Kilpatrick）是设计教学法的重要推动者。他撰写的《设计教学法》（*The Project Method*）一文，最初于1908年刊发于《师范学院记录》（*Teachers College Record*）上。在随后的二十五年内，印刷了超过6万份副本。这篇文章的译文见于克伯屈：《设计教学法》，载克伯屈著，王建新译：《教学方法原理：教育漫谈》，人民教育出版社1991年版，第329—344页。克伯屈《设计法的论理》，载于康绍言、薛鸿志编译：《设计教学法辑要》，商务印书馆1923年版，第1章。克伯屈在当日美国教育界相当有名，后于1927年3月10日来华访问。（相关情况，参看丁道勇：《克伯屈对蒙台梭利教育的考察：背景与主旨》，《教育学报》，2019年第6期，第108—116页。）克伯屈的另外一本与本书有关的作品是《蒙台梭利教育考察报告》。该书把蒙台梭利和杜威的教育理论与实践做了对比，并认为"蒙台梭利的学说在本质上还是19世纪中叶的，比当前教育理论的发展迟滞了五十年。"（参看克伯屈著，丁道勇译：《蒙台梭利教育考察报告》，北京：北京师范大学出版社2020年版。）

有关设计教学法的国内实验可参看下列书籍。俞子夷：《设计教学法的实际》，商务印书馆1925年版。沈百英：《设计教学试验实况》，商务印书馆1922年版。沈百英、张九如：《设计教学法实施报告》，商务印书馆1925年版。（后两本书，介绍了苏州一师附小的实验情况。）崔唐卿：《小学实施设计教学法》，平民书局1923年版。（该书介绍了北京师大附属小学的实验情况。）刘众孚：《低级段设计单元教学大纲》，河南省立开封师范附属小学校1934年印行。杨骏如：《中心单元设计教学做法》，扬州中学实验小学1933年印行。

本书报告的对象，都不是一般的学校。如果能看到这些开风气之先的学校，那么正在寻求光明的人们、意识到自己身旁黑暗的人们，就可能会做得更好。

为了在我们熟知的情况以外寻找一些新学校，通过这些学校教师的眼光来看待新时代的教育，用逐渐成形的新眼光来看待儿童，我离开了自己的学校，在太太和两位教师的陪同下，访问了欧洲的一些实验学校。

我们发现了许多饶有趣味的事。欧洲经历的苦难和世界大战带来的种种巨变，让欧洲人对于培养出上一代成年人的那些学校感到不满。这种不满的程度，远超今日美国人的状况。

在欧洲有多种类型的教育实验，但很少有哪一个可以称得上是完全科学的。大部分教育实验，都在努力追求每个儿童最大限度的发展。

这本书不是学术性的，还不能称作是一次科学的调查，也并不试图评估所描述的实验。我们在各所学校待的时间都还不够长，没有时间也没有办法进行批判性的研究。本书并不想达到无所不包的地步。我们要寻找的，是那些有助于解决具体问题的学校和实验。它们可以激发新的思考和努力，而不是用来撰写科学论文或者事无巨细的报告。想要了解更多细节的读者，可以去参考下面这些有趣且有价值的书，例如：巴德利（J. H. Badley）的《彼得莱斯学校》（*Bedales*）、杰西·麦金德（Jessie Mackinder）的《幼儿学校的个别学习》（*Individual Work in Infant Schools*）、阿梅莉·哈迈德（Amélie Hamaide）的《德可乐利法》（*The Decroly Method*）①、

① 译者注：该书中译本有哈迈德著，崔载阳译：《新教育法》，中华书局1932年版。（这个译本由法文版（*La Méthode Decroly*）译出，只是版权页错把作者写成了德可乐利。）

海伦·帕克赫斯特（Helen Parkhurst）的《道尔顿制》（*The Dalton Plan*）①、伊芙琳·杜威（Evelyn Dewey）的《道尔顿研究室制》（*The Dalton Laboratory Plan*）②；威尔斯（H. G. Wells）的《昂德尔学校的桑德森》（*Saunderson of Oundle*）。当然，也可以读些更宽泛一点的书籍，如弗雷德里克·罗曼（Frederick W. Roman）的《欧洲新教育》（*The New Education in Europe*）③，以及“国际师范学院”的第一册年鉴。

这些概要的介绍，试图抓住这些先锋学校背后的精神内核。尽管这些学校确实存在这样那样的缺点和局限，但是它们当中的每一所都各富远见。对于我们这些培养下一代新人的教师要解答的问题，每所学校都能给我们些许启发。

① 译者注：该书中译本有二。帕克赫斯特著，陈金芳、赵钰琳译：《道尔顿教育计划》，北京：北京大学出版社 2005 年版。Helen Parkhurst 著，曾作忠、赵廷为译：《道尔顿制教育》，上海：商务印书馆 1924 年版。国内出版过下列有价值的书籍。廖世承：《东大附中道尔顿制研究报告》，商务印书馆 1925 年版。舒新城：《道尔顿制概观》，中华书局 1923 年版。舒新城：《道尔顿制讨论集》，中华书局 1924 年版。其中，后两本是对道尔顿制的介绍与讨论，《道尔顿制讨论集》尤其值得一观。另外，帕克赫斯特女士曾于 1925 年访问中国（1937 年再次顺访）。她在 1925 年访问中国期间的演讲，见许兴凯：《柏女士讲演讨论集》，晨报社出版部 1925 年版。

② 译者注：该书中译本见 Evelyn Dewey 著，钱希乃、诸葛龙译的《道尔顿研究室制》，商务印书馆 1923 年版。

③ 译者注：该书中译本见 F. W. Roman 著，李大年译的《欧洲新教育》，商务印书馆 1925 年版。

一、昂德尔学校[1]

所有重要的教育实验，都可以在英国找得到，只是发展程度不一。我们很高兴，只要参观一部分英国实验学校，就可以对后来在欧洲各国遇到的各种实验获得一个初步的了解。在英国我们发现这样一些学校，它们敢于把新事物嫁接到旧事物之上，结果出现了一种相当奇异的状况。我们看到，有些学校精心平衡一天里的各种活动，通过一定程度的自由和良好的生活条件，来寻求儿童个体的充分发展。我们在伦敦贫民区看到过一所拥挤的学校，在那里尽管一位教师不得不照看 45—50 个孩子，他们也仍然会把每个孩子视为独立的个体。我们在曼彻斯特附近发现了一项大胆的实验，那里的教师想通过充分的自由来发展每个儿童。

在英国，为上层阶级的男孩子们提供的传统中等教育，来自所谓的公学。当然，这个词与美国人所谓的“公立学校”相去甚远[2]。这是一种收费昂贵的精英式、寄宿制学校。大多数公学都高度重视传统和体育运动。拉丁文和希腊文，被认为是适合聪明男孩

---

① 译者注：本书各章标题，多有参差，没有一定的体例。为便于中文读者阅读和指称这些学校，特意将各章标题调整为相对统一且便于识记的名称。各章原本标题在脚注中说明。本章原标题为“古老大厅中的现代之光——昂德尔学校”。

② 译者注：英国的“公学”，对应的英文是“public school”。这和美国的公立学校，在字面上是一样的，都用到了“public”这个词。只不过，英国的公学实际上是私立学校。

儿学习的唯一课程。至于“现代课程”，或者包含现代语言和科学的那部分课程，则往往被认为是笨蛋才会去学的东西。

可是，我的所有这一切认识，都被一所最古老的公学的校长改变了——他是一个非常文雅、和蔼、博学的人。他本人以及他的观点恰如男孩子们用拉丁文念诵祷文时所在的那个礼堂一样。礼堂初建于诺曼征服之前，有些东西一直保留至今。其余的部分则建造于中世纪时期。礼堂幽暗深邃，因其古老和传统的意味，颇能吸引我们这些暂时来访的美国人。可是，作为20世纪的男生寓所，这里就显得过于压抑、阴郁了。

不过，英国有一所公学正试图摆脱这种状况，并在其教育理念中加入现代元素。结果相当惊艳，完全改变了昂德尔（Oundle）的众多传统。尽管影响所及并未超出北安普敦（Northampton），但至少这里是完全不同了的。这就是威尔斯（H. G. Wells）先生给自己儿子选定的学校，是他从全英国的众多学校中挑选出来的。他在《昂德尔学校的桑德森》（*Saunderson of Oundle*）一书中，对这所学校作了生动详细的描述①。

最近，“扁平能力”和“纵贯能力”，已经渐渐开始成为美国人的教育术语。尽管颇令人费解，可是这两个术语指出了一种逐渐被认可的区别，这对于教师和学生来说都非常重要。心理学家认为，一个通过死记硬背来学习的孩子，虽然能熟诵自己记下来的功课，但却不能把功课当中包含的信息用到实际当中去，他们只具备“扁平能力”。另一方面，如果一个孩子会“做”，能将自己的知识应用到生活当中去，那么他便拥有了“纵贯能力”。比如，他能在实际计账时应用算术，能在修车时应用物理和机械学。这两种能力的差

① 译者注：有关昂德尔实验，1935年10月26日的《字林西报》（*The North-China Daily News*）曾有过介绍。

别，差不多就是通过阅读来了解汽车，和能够自己开车或者一眼就认出某个特定的型号之间的差别。这种差别，就好像一个人只上过拉丁文课，而另一个人只要遇到生字就可以凭借拉丁文字根猜测其含义一样。在某种意义上，它可以说是“纯粹”知识和“应用”知识之间的差别。不但在传授知识方面有所欠缺，而且在应用知识方面也颇有不足，这是美国学校当前面临的最大问题之一。显然，在大多数情况下，美国文法学校和高中学校的毕业生，都只接受过“扁平能力”方面的训练。很多学生以优异的表现从某所学院毕业，可是却没有获得“纵贯能力”。可正是这种能力，让他们真正能够做事，而不仅仅是记住一些毫无关联的事实，或者用自己经历过的那种方式把那些信息再教给别人。《哈珀周刊》（*Harper's Weekly*）的主编诺尔曼·哈普古德（Norman Hapgood）曾尝试做出界定：“文化是一种将知识应用到生活中去的能力。”从这个意义上来说，太多美国学生从学校毕业，然而并未获得应有的“文化”。他们缺乏那种几乎无法被定义的“纵贯能力”。

从某种程度上来说，正是为了满足这种匮乏，才会有19世纪末出现在美国学校当中的手工训练运动。正是为了响应这一需要，大量技术高中才会应运而生，在其中包含锻造、工场作业、家政学等。不过这些举措之所以没有完全满足需要，很大程度上也许是因为教室学习和车间之间从未有过充分的融合。教学方法往往还是传统的那一套，手工训练的发展只不过是实验性的副产品。

昂德尔学校，恰恰在这个地方可以帮到我们。昂德尔学校并没有提出什么了不起的新东西或者不一样的东西，而只是把两种不同的教育方法整合到了一起。在昂德尔，每个学生都有一定数量的工作，可以发展他们的“纵贯能力”。古典课程与“科学”或手工课程这两个学习分支，的确是不相关的。但是，学校里的每个男孩儿，甚至那些修读古典课程的男孩儿，都必须接受一些机械方面的教育。美国的许多学校，允许学生像昂德尔学校那样，在古典课程和科学课程之间做选择。但我们没有注意到的是，昂德尔学校的学生即使选读古典课程，也必须同时掌握一些机械知识、了解这些知识在整个社会发展当中的应用，否则他们就无法毕业。当然，如果说拉丁文在两百年前对所有男生都有必要，那么机械知识在今天也不可能是完全无用的东西。毫无疑问，对于选择古典课程的学生来说，工场工作将有助于他们“保持平衡”，以避免成为那种只有扁平能力、过度专业化的学生，就像美国卡通片中刻画的那种顶着大脑门、戴着粗框眼镜的小男孩一样。当然，把工场工作与古典课程结合起来，肯定也有一定的职业启蒙价值。因为，它让每个学生都有机会发现自己是不是喜欢机械方面的工作、是不是有能力做好这份工作。

昂德尔学校拥有工场和实验室，和美国最好的技术高中水准相同，这样的配备在英国的中学当中是无与伦比的。不管所学的是古典课程还是现代课程，每个学生每十周中必须要有一周在工场里度过。在这一周时间内，他会为学校制造各种器材。他起先要花时间在工场里学习设计模范，然后又花时间在木头上把它雕刻出来，然后是浇铸，然后是锻造，然后在机械车间待上一段时间。完成昂德尔的课程，意味着男孩子已经掌握了金工、木工方面的所有基础工作。这些基础不只是闹着玩，而是为了给学校制造工具，乃至科学与技术方面的仪器器材。不过，在他们空闲的时候，男孩子们也可以利用工场去给自己造点东西。

我逐一问男孩们，喜不喜欢工场工作。他们通常这样回答：“喜欢！我们甚至希望十周里只上一周课，剩下九周都待在工场里才好呐!”

实验室的情况也类似，我们在这里也看到了高涨的兴趣，以及一流的装备和教学。在化学的教学中，仍有训练学生头脑方面的考虑，而不只是给他们有用的知识或者技能。不过，化学的实际应用十分广泛，学生们也有充分的个人自由。

在生物实验室，我们可以发现相反的观念。一位年轻教师说：“无论如何，我也不会把植物学只当成植物学来教。我会假设自己有一间实验室，可以着手去解决实际问题，这样我和孩子们就可以全身心地投入到工作当中去了。我们走过田野和果园，或许发现某棵树生病了。于是，我们就带上样本，在显微镜下检查它们，然后再利用我们的书本。之后，我们又把自己的知识付诸实际，到野外去治疗这种疾病。或者我们会发现某块地不能长出想要的庄稼，因为这种植物需要良好的排水。于是，我们就跑去开挖沟渠。是的，这些英国绅士的儿子们马上就会动手挖起来，而且他们都喜欢干这个。”

接着，他兴致勃勃地讲起植物园来，那里有许多种农作物的样本。他给我们看了自己的标本博物馆，有动物标本也有植物标本，这些都是孩子们亲手制备的。他给我们看了一具猪骨架。这头猪原本死在农场里，孩子们就用石灰把它埋起来，现在已经有个男孩子把它给装配好了。

这项工作在生物学和植物学方面取得的成就，完全可以和美国的一些农学院相媲美。例如，在威斯康星大学，学生会被派出去与州内不同县域的农民接洽。这让学生有机会接触到实际的农业问题，并带着这一类问题回到教室。可以说，农学院学生的这些来自学院实验农场的工作，与昂德尔学生在外出考察时偶遇的植物疾病是完全类似的。在这两个例子当中，田野工作都要比一般的生物学、植物学课程更有优势。一般的课堂，可能只会找一些已经教过的东西的挂图，而农学院和昂德尔的教师更可能先去寻找所教科目的实际问题，然后再通过解决问题来开展教学。

另一位教师介绍了学校在适应每个男孩儿的需求方面所做的努

力。“我们从不让一个孩子失败。如果某个学生在古典课程方面显得没有任何才能，我们就会给他提供更多现代语言和科学课程。如果他在某门科学上没有崭露头角，我们就尝试另一门。不久前，我们这里的一个男孩儿，几乎做什么事都会一团糟。他完全没有自信。但我们发现他在与人交往方面颇有一套。所以，我们安排他去建造那个小铸造工场。”他说着，便指向边上一幢单间的木头房子。“我们给他安排了一些普通工人，让这些工人在这个孩子的指导下工作。结果，他卷起袖子和工人们一道干起活来了。他对这项工作如此感兴趣，甚至在圣诞节期间也一直留在学校。房子竣工那天，他一直工作到了晚上 11 点，他是那么想要完成那个铸造工场的第一个铸件。通过这一份工作，他学会了对自己保持信心，同时也获得了同学们的肯定。我们先去发现他的能力，然后再去发展这些能力。我们不会给所有男孩儿同样的教育。我们努力发现每一个人的才能，然后尽可能充分地发展它们。”

弗雷德里克·桑德森（Frederick William Sanderson）的最大贡献在于，他发现每个男孩子总有自己能够做得好的事情，从中他们可以得到乐趣、收获自信。在很多时候，正是由于没能做到这一点，所以我们才有理由去批评美国学校的局限性。这所学校在常规课程上的成功以外，还通过孩子们自身的成就来给予他们自信，从而在“如何教授成功的生活而不止于枯燥的知识”这一重中之重的教育问题上迈出了一大步。到目前为止，无论是在美国还是在英国，还没有一个地方能达到昂德尔那样的程度。

昂德尔学校尽管颇有建树，但它沿袭了中世纪以来的讲授法，以及拉丁文、希腊文和数学课程。可是，没有哪里能比这所古老而发霉的公学更有活力，更能体现现代精神了。如此多的英国绅士们，都要把自己的儿子送到这里来。

在教学方法上，唯一与现代思想沾边的地方是历史系。他们在努力训练男孩子们去图书馆查找专题资料，甚至去绘制各个历史时期的图表。然而，如果要持续应用这种方式，压力相当大。因此，在我们访问期间，唯一一节历史课仍旧是干巴巴的讲授，同时辅以辛苦的笔记以及偶尔的简单答疑。不过，我们的确看到了他们绘制的图表，以及到图书馆去检索专题参考资料的计划。

这所学校的历史可以上溯到13世纪，而它的工场和实验室活动则可以追溯到桑德森掌管学校期间——他是一个视野开阔、精力充沛、思想进步的人。可惜在我们来访的那个春天之前，他就已经过世了。

昂德尔学校是现代美国技术高中的精华与英式教育的古老传统的奇妙组合，是枯燥的学问与深邃的人类理想的奇妙组合。在陈腐的旧体制上，它嫁接了一些新体制当中的好东西。

二、巴西特学校[①]

那些负担不起公学的昂贵学费的英国人，会把自家孩子送到学费较低的中学去。正是在伦敦的一间类似的学校里，英国最广为人知的教育实验开始了。这就是位于斯特里特姆山（Streatham Hill）的女子高中。这所学校的校长是罗莎·巴西特（Rosa Bassett）女士，她们的实验借鉴的是美国的道尔顿制（Dalton Plan）。尽管还称不上尽善尽美，可是道尔顿制已经可以认为是对新教育理想的明确表达了。在培养责任感方面，道尔顿制向前迈进了一大步。它让孩子们觉得教育是自己的责任，而不是把责任推给教师。在培养主动性方面，道尔顿制也颇有成效。

关于道尔顿制的起源，我们可以发现蒙台梭利的影响。蒙台梭利夫人眼光敏锐，坚定地支持儿童的个体发展和相对的自由。她坚信，要允许儿童从精心准备的环境当中，选择其成长所必需的东西。她极力主张，一旦孩子对某项活动发生了兴趣就不要打断他，要鼓励他长时间专注于自己正在做的工作。所有这些要素，道尔顿制当中都有体现。

1915 年，蒙台梭利博士在旧金山的“巴拿马-太平洋博览会”上展示了自己的成果。当时，一位美国女士负责上示范课，她就是海伦·帕克赫斯特（Helen Parkhurst）。

---

① 译者注：本章原标题为“道尔顿制的传播源头——斯特里特姆山女子高中”。

巧的是，当日的旧金山还有另外一位美国教育家。他一早就看到了新教育的曙光，并以激烈的言辞四处宣扬。在担任州立师范学校小学部的校长时，弗雷德里克·伯克（Frederick Burk）用数年时间证明，允许孩子们按照自己的速度来完成学业的愿望是可行的。他极力反对陈旧古板的教学方式，结果就遇到了海伦·帕克赫斯特。

当满怀蒙台梭利理想的帕克赫斯特与弗雷德里克·伯克一起讨论教育问题时，那可真是精彩极了。我有幸参加了其中的一些讨论。在此基础上，伯克的工作有了一些修订，允许孩子们在一天的一大部分时间里自己安排课表。我相信，正是这些方面，构成了道尔顿制的某些关键元素。

离开旧金山以后，帕克赫斯特女士开始在纽约的一所小型私立学校开展实验。这所学校的赞助人之一是克兰（W. Murray Crane）夫人，她是已故马萨诸塞州参议员的太太。当时，克兰夫人居住在马萨诸塞州的道尔顿小镇（Dalton）。正是通过她，帕克赫斯特女士有可能在道尔顿公立高中实现自己的想法。

罗莎·巴西特正是从这所高中得到了灵感。她在自己那间英国学校开展实验，然后来到美国参观帕克赫斯特在道尔顿的工作，同时参观了美国的其他教育实验。返回英国以后，她开始大力传播这项新举措，道尔顿制遂成了各种教育会议的热门话题。在巴西特女士在英国的工作出名之前，我们这些美国人尚不知道道尔顿在哪里，更不要说了解那里的教育实验了。

让我来描述一下我们看到的巴西特学校吧。我们进入一间大自习室，一些女孩儿正在那里自学，没有任何教师监管。从这屋子出去，是各间教室以及负责人巴西特女士的办公室。在自习室里，我走到一个女孩子背后，越过她的肩膀看去，发现她正在学历史，她旁边的女孩子正在做代数。我问她，为什么每个人都在学不同的东西。她答道："我们可以学习任何自己喜欢的东西。现在是'个别作业时间'。"

"什么是个别作业时间?"我问道。

"在这段时间，我们可以学习任何自己选择的东西，或者进入任何一间研究室。"

"你说的研究室是什么意思?"

"就是一间普通的教室。在那里，老师会在自己教的学科上给我们提供帮助。"

"你怎么知道要学什么?"（我假装自己对道尔顿制一无所知。我想看看孩子们眼中的道尔顿制是什么样的。）

"我们有作业单，"她告诉我。"我正在学的这张纸，是我这个月在历史课上的作业。"

我看到，那张纸是油印的，上面有四个星期的作业。每项作业都指明了一些需要掌握的主题，并指出了这些主题在课本中的位置。

"完成了这个月的作业以后，你会做些什么?"我接着问。

"我就学别的科目。"

"假如你在月底前就学完了所有的科目，那干什么呢?"

"那就可以做任何自己想做的事了，可以读读书，也可以什么都不干。"

"你能学下个月的东西吗?"

"不，不行。"

"如果你没有按时完成这个月的作业，那会怎么样?"

"那放学后要留下来，或者在周三、周六下午继续做。"

"如果就算加上周三、周六下午，你还是不能完成每个月的作业，那到了年底你会怎么样?"

"这门课会不及格。"

“那你必须重修这门学科一整年的功课吗？其他没有不及格的科目呢，也都需要重修吗？”

“是的，任何一门主科不及格，全年功课都得再来一遍。”

之后，这个女学生要去研究室寻求帮助，于是我就转向她的同伴，继续追问。

“你会安排多少个别作业时间？”

“那得看情况。”她回答道。“我自己的计划是每天安排 6 段个别作业时间，而有的女孩子只安排了 1 段或者 2 段。这取决于我们读的是什么学科，以及我们上课碰面的频率。”

“因为不必每天都完成作业，你们女孩子难道不会浪费时间吗？”

“当然会了，”她咯咯地笑着说，“不过，要是我们浪费了太多时间，那到月底就无法完成作业了。”

我走进一间研究室：教师坐在自己桌前，多数女孩子也坐在自己桌前学习。有几个女孩子围在老师周围，向老师寻求帮助。当我正在观看这一切时，铃声响起，大多数女孩站起来离开了房间。

“这个铃声是什么？”我问这位老师。

“下一个时段的开始，”她回答，“我马上在这里有一节课。”

“这节课是预先安排好的吗？”我问。

“当然。女孩子们通常每周与老师见两到三次，来汇报新内容或者进行讨论。在规定的时间内，女孩子们都必须来上课。”

“全体女孩子们有同样的安排，还是说有的人在自学、另一些人在上课？”

“是后面这种方式。你可能看到，一些女孩子会留在自习室，而另外一些则会到研究室里去上课。这些来上课的女生，通常都是被分配好的，会在这个时段来到这个班。”

“你上课的时候，那些个别作业时间的女孩子们会来向你求助吗?”

“不会。她们只能在研究室时段来找我。有的老师几乎一整天都在研究室。因此，如果有个女孩儿需要帮助，她可以先学习正处于研究室时段的学科。”

在午餐时，我们与不同教师进行了热烈的讨论。与旧式教育相比，所有人都支持道尔顿制，同时也坦率地批评了道尔顿制的局限性。几乎每位教师都表现出一种有趣的倾向，显示了为什么道尔顿制在自己的课上不如在别的课上有效。有位拉丁文教师特别积极地为道尔顿制辩护，但同时又强调它对所有别的学科都更适用，而她自己教的拉丁文则是个例外。

我试图找出这种批评背后的原因，结果发现主要是因为女孩子们总有一种把作业拖延到月底的倾向。在月初的时候，教师们几乎不用批改作业。而快到月底的时候，她们就忙得不可开交了。看到许多女孩子在上半月磨磨蹭蹭，然后又在月末的时候赶着完成作业，这让教师们很恼火。

我感受最深的缺陷是设定了时间限制，结果不管能力如何，每个女孩子在一个月内都要完成同样的内容。这一缺陷在帕克赫斯特的纽约私立学校里是没有的，同时也不能认为是道尔顿制的一部分，而毋宁说是未能充分落实的后果。巴西特女士认识到，这是集中教学的遗留产物，她试图通过布置额外的作业来进行补救。每个女孩子都要完成一两个学科的附加作业，不过在学科上她们有选择空间。这样，某个女孩子做五道代数题，而另外一个女孩子可能就会做七道。这为个体差异提供了一点空间。当然，孩子们可以在个别作业时间里自由安排课表，也允许每个女孩子把更多的时间投入到她最需要努力的那个学科上去。

所有这些努力，都试图让学校服务于不同能力水平的学生。但是，由于努力的方向是让全体学生在一个月或一年内完成同样的内容，结果这恰恰让我们发现了道尔顿制的一个主要缺陷。这个批评，同样适用于伦敦的这所学校和美国的一些学校。这显然是对美国教育体系的某种继承。伯克将其称之为“齐步走”的策略，就是努力让不同能力水平的孩子，按照班级、年级保持统一队形来前进。

在美国一些先进的学校当中，人们意识到让所有孩子匀速前进是不公平的，于是学生常常会被分成三组。甲组学生学习一定范围的内容，同时辅以大量额外练习。乙组学生，也就是速度较慢的那一组，学习课本上同样范围的内容，但是相关练习和活动要少一些。丙组学生最慢，学习最小限度的内容（和甲乙两组类似），不过没有任何额外练习和相关活动。这是巴西特女士通过分配不同难度的作业达到的效果。这种方法被称为“拓展课程”，让聪明学生做得更多，而不是仅仅达到本学科的最低要求。但是，在道尔顿制和普通美国公立学校的分组当中，这是一种明显的不公平，因为它显然没有给那些最需要练习的学生（最慢的学生）提供额外的练习。我们需要的，恰恰是把整个安排反转过来，让丙组学生在各个学科上的练习都最多。因为，为了彻底掌握一门学科，丙组学生才是最需要练习的人。为了让学生携手并进，而不是以适合个人能力的最佳速率来前进，那么所有这些分组努力，本身就都是武断而没有必要的。它们更主要是考虑教师的便利，而不是在考虑孩子们的需求。随着道尔顿制的逐步完善，我们有理由相信这一严重缺陷最终会被克服。

有几所美国学校开设了包含附加作业在内的课程，但是他们仍旧坚持让能力各异的孩子们在一年内学习大致相同的教材。在文纳特卡，我们允许聪明学生在短时间内完成指定的作业，这样他们就有时间去从事自己选的课外活动了。例如，他们可以为学生出版的校报工作。在纽约罗切斯特（Rochester），学生社团提供了类似的机会。那些聪明学生，有更多时间投入收音机或者其他自己感兴趣的社团。在芝加哥大学附属高中，附加作业可以得到“附加学分”，他们认为附加学分能够帮助学生发展主动性。如果学生完成了某门课程的规定作业，那么他的成绩可能是 C。如果这个学生还主动完成了附加作业，那么他的成绩就可能会提高到 B。进而，如果学生主动完成了足够多的附加作业，那么他的成绩甚至可能会提高到 A。为了培养主动性，附加作业与常规课程相比，显然应该是不同的，而不能仅仅是数量更多的同类型作业。

道尔顿制是新教育运动的一个重要部分。它的特点是努力为每个孩子提供更自然的成长和更多的自由。巴西特学校的女孩子们借助确定的作业，逐月按照自己的速率前进，这显示了伯克的影响。允许学生安排自己的课表，让每个女孩子在自己希望的时段内专注于某个学科，这体现了道尔顿制的源头中蒙台梭利的影响。

道尔顿制发展了学生的责任感，鼓励了学生的主动精神和独立意识，通过确定的步骤，使学校适应儿童的个体差异。它以如此简单的方法，完成了所有这些目标，能够适用于任何学校。需要做的，只不过是把每个学科的作业按月油印出来，然后把每周上课的次数从五次减少到两到三次，把以前用来上课和学习的时间交给学生们作为个别作业时间。

通过出版那些作业单，巴西特学校为道尔顿制的发展做出了重大贡献。这不仅帮助了那些希望实行道尔顿制的人，也极大地促进了道尔顿制在英国的成功传播。只要我们意识到，对于那些不熟悉道尔顿制的人来说，成功道路上的最大绊脚石之一就是糟糕的作业设计，那么我们就会发现出版这些作业单是多么重要了。

可以肯定地说，许多道尔顿制的尝试之所以没有取得成功，最大的原因就是不恰当的作业设计。作业单的出版，使得针对道尔顿制的批评、讨论和改进成为可能。同时，这也为那些初次尝试道尔顿制的人，提供了指导。

鼓舞人心的是，像道尔顿制这样简单的方法，竟可以实现如此富有价值的目标。同样的，从道尔顿制的迅速传播可以看出，许多教师已经开始觉醒。他们认识到，儿童需要更多自由，学校需要更加适应个体的需求。

三、彼得莱斯学校[①]

道尔顿制虽好，可也仍有这样那样的不足。在参观接下来这所学校时，我们更深刻地意识到了这一点。在这里，女子中学所实行的道尔顿制的一些缺陷被克服了，尽量充分地发展每个孩子这一教育理想被放在首位。这就是彼得莱斯（Bedales）学校。

彼德莱斯学校坐落在一座矮丘上，位于英格兰南、北白垩丘陵（Downs）地区之间的乡村。这是最早的现代实验学校之一，由现任校长在三十年前创办。

巴德利（J. H. Badley）在二十八九岁时，和塞西尔·雷迪（Cecil Reddie）一起建立了英国第一所“新学校”，即1889年成立的“阿博茨霍尔姆学校”（Abbotsholm）。三年后，巴德利的父亲去世，留下了一笔可观的遗产。巴德利没有拿着这笔钱去悠闲度日或者做点什么大生意，而是想要找到某种方式用这笔钱去为人类服务。受塞西尔·雷迪的启发，巴德利觉得自己能提供的最佳服务就是去建立一所学校[②]。这所学校要遵循阿博茨霍尔姆学校的原理，来发展一种围绕儿童需求而非祖辈训导的教育。于是，他买下了160英亩美丽的土地。这里离伦敦足够近，便于人们过来参观、接

---

① 译者注：本章原标题为“古老而年轻的‘新学校’——彼得莱斯”。

② 译者注：有关巴德利的实验，国内也有曾过介绍。Badley，J. H. 著，蒋梦麟译：《战后之教育》，《教育杂志》，1918年第7期，第41—52页。1934年5月27日的《字林西报》（*The North-China Daily News*）上也有过介绍（题为：The case for co-education）。

受影响；同时，这里距离伦敦的距离，也可以让它继续享有乡间的宁静。

这里的建筑、场地、设备和师资都不错。但愿我能给读者提供一些在这个地方的感受：这里有宽松的氛围、美丽的乡村景色、适宜学习的建筑，以及一些谦恭有礼、举止得体、纯真自然的男孩女孩。巴德利先生蓄着棕色的大胡子，穿着柔软的衬衫，眼睛里流露着温柔和热情。和他交谈的人会发现，这所学校正体现了这位善良、睿智、能干的人的理想。

男女学生对待彼此的态度，是美国公立学校总要遇到的一个难题。这是男女合校的老问题，从文法学校到如今的学院都一直是如此。最近，在美国的一些地区，这个问题变得更加严重了。高中生们沉迷于各种各样的聚会和越轨行为，这让家长和教师都感到震惊与不解。像“时髦女郎”和“花花公子”这样的说法开始流行开来，代表了一种全新的青春期形态。结果就是早熟的、过于感性的两性关系，孩子们一早就开始偷尝禁果。

与这种过早发展到感性阶段的男女关系不同，我们在彼得莱斯学校看到的男孩和女孩，几乎是在一种理想的状况当中一起游戏、学习和工作。他们之间友好合作、坦诚率真，完全不涉情爱。

彼得莱斯本身就是独特的，在美国根本找不到类似的学校。这所男女合校的寄宿制学校，学生年龄跨度大，从幼儿园到高中都有。五至九岁的孩子读初级部，十至十七岁的孩子读高级部。

男女孩子一道骑马、一道踢足球、一道跳舞、一道表演、一道打网球、一道打曲棍球、一道打板球。他们关心校园，并肩学习。男孩对女孩、女孩对男孩，始终都是一种同志式的、坦率的态度。这种男女关系值得赞赏，一点也不让人感到担忧。

这种态度是怎么实现的呢？如果我们能解答这个问题，并且把答案用在我们的学校当中，那么就可以极大改善男女合校的状况了。可惜的是，事情并没有那么简单。在彼得莱斯学校，过去三十多年来已经形成了一种传统。正是这种传统，培养了坦率的、同志般的关系，同时不鼓励感情用事。这个传统是教师建立的，但是此后就一直由学生们继承下来了。直到现在，学校里的学生走了一茬又一茬，可是这些男女学生仍在用团体的影响来抵御谈情说爱的诱惑。一旦有人开始打情骂俏，就会受到自己同伴的影响，因为大家伙儿都觉得这种行为只是犯傻。

我们问巴德利先生，总体来看他是否赞成寄宿制学校的男女合校教育、是否赞成让孩子们从五岁开始寄宿然后一直持续到大学。他的回答很明确。

“这是学校的基本要求之一，”他回答说，“如果说教育是通过尽可能完满的经验，来为整个生活做训练，那么寄宿制的男女合校就是自然而然、合乎逻辑的选择。学校不应限于单一性别，也不应限于某一国籍或者信仰。把男孩、女孩放在一起培养，不是为了把他们变得一样。合校教育的目的是让他们明白，没有一个性别会仅仅因为传统上的区别对待而被排除在完善的个人发展之外。假如我们认识到没有两个人是完全一样的，假如我们打算教育而不是训练儿童，那么就不能把他们当作大众整体看待，而必须把他们看作一个个独一无二的人。我们很快会发现，性别差异并不比性格和禀赋的差异来得大。只有男孩、女孩一道长大，才会发展和拥有那些完全自然的异同点，并且确保其中的大多数都是正常的、健康的。”

彼得莱斯男女学生的精神面貌，当然是异常美好的，自然且毫不做作。在美国学校当中，如果全体教师能够通力合作，在男女生之间建立像彼得莱斯那样的常识性态度，是否也能取得这么好的成果呢？这真是一个有趣的想法，完全值得一试。

彼得莱斯分为上下两部，分别是初级部和高级部。二者都采用寄宿制，都是男女合校。其中，初级部招收的学生，年龄在五到九岁之间。他们按照年龄分为三组，分别是“初阶寄宿生”“中阶寄宿生”和“高阶寄宿生”。初阶寄宿生享有的自由，几乎和我们在奥尼尔的学校看到的一模一样。在训练有素的蒙台梭利教师的指导下，这些孩子自主应用蒙台梭利教具。教师把自己置于幕后，让孩子们自行探索教具的用法。

“中阶寄宿生”开始有自己的课表。在上午，他们会安排一半的时间在智力活动上，另一半时间花在各种手工活动上。然而，在智力活动期间，除了去工场或者操场以外，他们可以自由做任何事情。他们可以读书、写作、做算术，甚至可以坐在那里什么也不干。

团体规模很小，纪律虽不严格，但也不会出现混乱。除了自由以外，我还惊讶地发现，许多孩子正在勤奋学习英语中的重量单位。我问教师，学生们为什么要这样做。

她回答说：“他们周一会有一次考试。我们通常不考试，可是这些孩子们会自己要求考试。我只好告诉他们考试的范围，现在他们正在为此做准备。”

我问她，如果哪个孩子在考试中错了某个题，或者考试不及格，那会怎么样。

“不会怎么样。”她回答。

“难道他们连错题都不用改吗？”

“不用。之所以考试，只是因为他们想要。不过，如果他们想要改错题，我当然也会帮忙。”

“中阶寄宿生”和“高阶寄宿生”的手工活都非常好。在参观完设备齐全的工场，看过他们用来画画、做木工和编篮子的材料以后，人们就会得出这样的判断。工场里有制作精良的织机，我们看到孩子们正在那儿编织精心设计的围巾和垫子。在一个向阳的窗口，几个小女孩正忙着做钩毯。另外一些孩子打算收拾出一块地方，给自己的织物染色。只要工具没有别人占用，孩子们就可以自由选择任何自己想做的工作。

“高阶寄宿生”会在晚间学习。

“他们早上精力充沛，适于创造，”女舍监向我们解释道，“所以，我们让他们早上去木工场或其他工场做东西，下午休息和做户外游戏。到了晚上，他们的身体已经疲倦了，可以静下心来开始进行智力活动了。”

这些“高阶寄宿生”的智力活动是以作业形式指派的，大致遵循道尔顿制。

为十到十七岁儿童开设的高级部人数最多，占了好几栋楼。正是在这里，我们看到了道尔顿制的进一步发展。

彼得莱斯实际上只比巴西特女士多迈出了一步，但正是这一步消除了我们在伦敦看到的对于道尔顿制的众多反对意见。在彼得莱斯，作业并没有时间限制。这样，学生就能持续做某项作业，并在当前的作业完成以后马上开始下一项。

这样做的好处之一是孩子们越来越勤奋，他们觉得努力学习是有回报的。可是，在巴西特女士的女子中学，女孩子们往往在月初游手好闲，然后在月末才会努力学习。在彼得莱斯，作业与月份无关。一个孩子学习越努力，就越能快速完成某一门功课，然后继续去学下一门。最终，他就能够尽早完成学业，或者修读自己想要的高级课程和选修课。这自然就消除了斯特里特姆山的那些教师们的抱怨，不必在月初闲得要死、在月末忙得要死。在彼得莱斯制当中，孩子们随时都在完成自己的作业。

在女子中学，如果一个学生提前完成了作业，那么除了在同一作业上的额外工作以外，她就没有别的事情可以做了。在彼得莱斯，每时每刻都可以得到有效的利用。在女子中学，如果一个学生在一年内没有完成当年的功课，她就必须在所有科目上重复全年的功课。在彼得莱斯，不及格是不可能的。没有孩子需要重复全年的功课。如果当年的学习在年底没有完成，那这个孩子就会从下一个9月开始，从他落下的地方开始继续学。

彼得莱斯制的另一个优点是，每个孩子都必须彻底完成自己的作业。除非能达标，否则决不进行下一项作业。

彼得莱斯制表明了平行课程对于个别式教学的促进，这是它的又一个贡献。在大多数情况下，全班作业与个别作业之间没有关联。例如，在法语学习当中，全班作业是练习会话和发音，个别作业则用来训练语法、词汇、翻译和散文写作。法语口语课程专门面向那些通过出色的学习能够从中受益的学生。在某种程度上，这种课是按照我们熟悉的美式“语言俱乐部”的方式来进行的。这对所有学生都有强大的吸引力，让他们乐意付出最大的努力，去努力争取参与的机会。

数学课没有固定的全班作业，教师利用那些时不时自发形成的小组来讨论学业的某些方面。

在历史和地理课上，教师觉得课堂讨论和儿童的个别作业之间差别太大了。因此，她重组了这两门课程，让孩子们一次只能做一个月的功课。

“如果只是一两门课这样，其实没有什么大的坏处。”她说。“如果只是一两门课，孩子们就可以把多余的时间都用在任何其他科目的个别作业或者历史、地理的特殊作业上面了。”

然而，巴德利并不把个别式教学当成自己最重要的教育贡献。他认可的，是充分发展每个孩子身上的一切，把男女学生会集到一个能全面发展他们的环境当中去。这里有体育训练和体育比赛，这里有对学校有利的实际工作，这里有在图书馆安静学习和研究的时间。最重要的是，借助学校环境以及认真负责、训练有素的教师营造的那种氛围。

学校的日程安排，说明了什么是平衡的一天。每个孩子的完满发展，是它的目标。校内的一名大男孩，为我们讲解了学习上的日程安排。然后，他领着我们翻越小丘、穿过火红的冬青树，向初级部走去。

“我们7点15分起床。”他说。“今天早上我7点起床，因为有消防演习。起床20分钟以后，我们通常会站到门外去点名。然后，我们跑步、吃早饭。早饭后，我们收拾自己的床铺，整理宿舍。之后，就开始上课了。上午有半个小时的休息时间，还有一段时间做体操。”

“下午1点前有一个检查，然后我们吃午饭，午休半个小时。在这半小时里，我们可以在户外闲逛，去图书馆，回房间看书，或者小睡一会儿。到了下午，我们定期地进行学校游戏和体育运动。如果下雨了，我们就冒着雨跑步。同时，下午我们还要学习，每周有两天我们会在附近进行户外学习。”

“傍晚6点吃晚饭，同时我们也会处理些作业，以及学习、唱歌，直到晚上8点半为止。在下午要学习的时候，我们就会利用晚上的一部分时间来举办学校社团、讲座、音乐会或者舞会。晚上8点半，所有人集中在一起祷告。然后，我们和老师握手，回宿舍上床睡觉。”

男女合校（这是巴德利先生和其他教职工的崇高目标）、身心平衡，以及学业活动对个体需求的适应、美丽的环境，所有这些都使彼得莱斯成了一所近乎理想的学校。

这个事实本身似乎违背了彼得莱斯最初的主要目标，也就是要成为其他学校的示范。要想全世界的人都能像彼得莱斯一样，给孩子们提供全面发展的机会，这当然需要很长一段时间。但是，在激励教师、在作为其他地区学校的榜样方面，彼得莱斯实际上已经发挥了自己的作用。在我们后来访问的学校当中，至少有两所学校直接受到了彼得莱斯的启发，即法国的罗歇斯学校和瑞士的格拉里榭学校。

尽管在所有“新学校”当中，彼得莱斯学校仅次于历史最悠久的阿博茨霍尔姆学校，但是在方法方面它仍旧是最新的。在我们访问学校时，我刚刚详细描述过的个别作业法才开展了一年。巴德利本人对于新思想十分敏锐，他渴望找到改进学校的方法，使教育适应这个快速变化的世界的新需求。

四、麦金德学校[①]

位于切尔西（Chelsea）的幼儿学校，其个别式教学之发达，连彼得莱斯学校也比不上。在这里，每个班级都有 45 到 50 名来自贫苦人家的孩子。杰西·麦金德（Jessie Mackinder）为他们设计了一系列非常吸引人的装置，这样孩子们可以自由、独立地完成读写算的自学。

麦金德女士利用自我指导和自动纠错的材料，找到了一种在大班额条件下开展个别式教学的方法。这位女士长着一双棕色的眼睛，兰心蕙质，在过去的五年间一直在进行个别式教学的实验。和大多数新派的教师一样，她也受到了蒙台梭利的影响。那些最小的三四岁的孩子，就在一间又大又吸引人的育婴室里使用一般的蒙台梭利教具。当孩子们长到五岁时，他们就开始用麦金德自己设计的游戏，来自学读写算。

这所学校的建筑很丑陋，玩耍的地方就是一个用墙围起来的水泥院子。学校位于伦敦的一个十分逼仄的区域内，这些孩子也很可能全家只有一个房间。然而，一走进这所学校的教室，你马上就能感受到一股自由的气息、一股活跃的骚动以及一种强烈的兴趣。

在我们看到的其中一间教室里，孩子们都正忙着操作同样的游戏或者装置。我们走到一个小女孩跟前。她的桌上摆着一盒卡片，卡片上印着字母，同时在左下角印着一个圆点。孩子们知道，要把

① 译者注：本章原标题为“自我教学的孩子——马尔伯勒幼儿学校”。

左手大拇指放在这个点上，这样卡片就不会拿倒了。她拿起一张卡片，走到教室后排的墙边。墙上有 26 张图片，每张图片下面都有一个字母。比如，图片是一个苹果（apple），那么图片下面就是字母“a”；图片是个小男孩（boy），那么图片下面的字母就是“b”；图片是一只小猫（cat），图片的字母就是“c”，等等。这个小女孩手里拿着一张字母“t”的卡片。她把卡片放在苹果图片下的字母“a”那儿看看是否匹配，结果发现不对。于是，她又把卡片放在男孩图片的字母“b”下面、小猫图片的字母“c”下面。她逐一尝试，直到发现了字母“t”。她看到自己手上的字母“t”和墙上的字母“t”匹配上了，然后就抬头看看字母上面的图片是什么。图片上是一个陀螺（top）。于是，她就跟着读了一遍这个词。在读的时候，她会尽可能把第一个音读得重一点：“Top”。她反复学了好几分钟，尝试学会这个词的第一个发音。最后，她终于成功了。她跑向自己的老师，嘴里还嘟囔着字母“t”的发音。她举着自己那张写着字母“t”的小卡片，嘴上念出“t、t”。老师冲她轻轻地点了点头，然后这个小孩儿就心满意足地回到自己座位上去了。

她的桌子上还有另外一盒卡片，上面贴着从杂志上剪下的图片。每张图片下面都标注了相应物体的名称。这个孩子把名称开头是字母“t”的图片一一挑了出来。每找到一个，她都会这么念出来：“t-tram”“t-tack”“t-turtle”。之后，她又拿出一块小石板大小的黑板，把那些以字母“t”开头的名称抄在上面。

每个孩子都用类似的装置，来学习字母表中所有字母的发音。下一步要学习的是字母组合，比如“sh”。这时候，他①用到的是一张有鱼的图样的卡片。卡片上先印着字母组合“fi”，然后是

① 译者注：不知道为什么，这一段突然由“她”变为“他”。联系上下文，也仍然让人费解。无可奈何，姑且保留原样。

“sh”，“sh”略高于前两个字母，合起来就是“fi^sh^”这样子。这个孩子已经知道如何发字母“f”和字母“i”的音，而且他也知道当两个字母下面画着一条线的时候，就可以当成一个字母来念。因此，他就知道了“sh”只发一个音。因为他知道整个单词指的是图片上的内容，又知道字母“f”和字母“i”的发音，所以他自己就能想出“sh”的发音了。借助于这些卡片，他能掌握所有的字母组合和简单的表音文字。

麦金德女士最近在一本书当中描述了自己的工作。这本书不单写得很好，而且还配有插图。她有许多具体、可行的建议，可以直接用到我们的学校里。要想详尽地描述每一种装置，那我恐怕得重抄一遍她那本书了。简要而言，通过一系列巧妙的装置，比如前文中描述的那些装置，孩子们可以被引导着一步一步熟练掌握读写。通过类似的序列，孩子们又可以学会各种数字组合以及基本的四则运算。

实际上，那种允许孩子们在自我指导中获得帮助和提升的新材料，已经成为麦金德女士的工作的突出特点。她在材料开发方面的聪明才智，为个别式教学开辟了新的方向。她的工作表明，在类似她的这种有 50 个甚至更多孩子的大班当中，个别式教学也可以获得成功；即便面向幼儿园年龄的小孩子，情况也同样如此。我们要知道，她工作的地方本就是伦敦的一个破落区域，办学经费也很有限。这样看来，她取得的成就几乎可以说是一个奇迹了。在美国，只有底特律的柯蒂斯（Courtis）和她类似，也是在大班额的前提下取得了成功。柯蒂斯与麦金德的另外一个共同之处在于，他们的成功都受益于他们发明的用于自我指导的必要教具。（在柯蒂斯的例子当中，教具是图画书之类的东西。）

有趣的是，在重新设计教学材料方面，麦金德与几位美国教育者的工作如出一辙，他们都始终奉行着个别式教学的信念。旧金山的伯克，亲手设计了全套小学教材。在伯克去世后，玛丽·沃德（Mary Ward）女士一直在继续这项工作。洛杉矶的萨瑟兰（A. H. Sutherland）也做过类似的工作。多年以来，科蒂斯也一直在沿着同样的道路前进。我们文纳特卡的教师，也出于完全相同的目标，在为所有年级的孩子们准备自学材料。这项工作和麦金德的开始时间几乎完全一致，也是在1919年。可是，至少在美国，至今也没有哪个人能像杰西·麦金德那样，设计出全套的、精巧的低年级教材。

麦金德的工作表明，只要发明、制作恰当的材料，并通过使用这些材料开一个好头，基于个别式教学方法来学习的儿童，就可以获得更大的自由，幸福且充满个性地沿着自己的道路发展。正如彼得莱斯一样（事实上比彼得莱斯要更好一些），通过对诸如麦金德、蒙台梭利和其他人开发的各种材料的合理利用，就可以把工作精神和求知欲望成功地灌输给儿童。在培养儿童学习意愿、鼓励并激励他们成功自学方面，正确的材料到底有多么必要和有效，没有比这更令人信服的证明了。

麦金德女士也进一步阐明了蒙台梭利夫人的工作，说明即使替换了教具，蒙台梭利法的基本原理也仍然有效。蒙台梭利法对于蒙台梭利教具的限制，往往被认为是这种方法本身的最大缺陷。蒙台梭利教育的原理，要比目前与之相关的教具更加影响深远、更有价值。因为蒙氏教具种类有限，结果美国的许多蒙台梭利法的追随者们，创造了许多新的使用方法。这些用法虽然行之有效，但是恐怕会令蒙台梭利夫人本人感到惊讶。

因为蒙台梭利夫人本人的禁止，今天很少有教师再去改良她的教具了。不过，还是有一些人以个性化和独立（虽然相似）的方式，极大地丰富了已有的教具储备，以支持孩子们的学习和发展。麦金德就是其中最重要的人物之一。

麦金德学校的孩子们，学的是印刷体而不是手写体。对此，我有必要补充两句。如今在许多英国学校以及少部分美国学校当中，正在教所谓的印刷体，而不是在美国和大多数国家常用的“手写体”①。他们认为，这种印刷体不仅更加清晰易读，而且学习这种印刷体的孩子们拼写得更好，因为他们能看到自己写的东西和自己读的东西之间的关联。他们还认为，教孩子印刷体要比手写体容易得多。最令人震惊的是，他们还得出一些数据，证明写印刷体的孩子的写字速度，与那些写手写体的孩子一样快。

在麦金德学校，孩子们每天要花大约两个小时来独立学习。在这两个小时当中，他们几乎不会受到干扰。教师则在他们中间走来走去，一会儿帮帮这个孩子，一会儿回答那个孩子的问题，或者拿出新的卡片盒，时刻忙个不停。孩子们有东西可以全身心地投入，就像一只只小海狸那样忙碌着。我们没有看到任何混乱，也没有看到教师想要管教哪个孩子。在每个房间里，都有一种一群人在忙碌时的那种嗡嗡声。孩子们可以自由走动，也可以和他人低声谈论自己的学习。每个孩子都太忙了，根本没有时间去捣乱。

每天剩余的时间都用来唱歌、画画、讲故事、跳民间舞蹈、搞小剧场和进行体育锻炼。麦金德女士发现，她有足够的时间来安排这类自由活动。

在我们访问期间，麦金德女士刚刚给孩子们做了一些标准化测试，结果发现他们比伦敦其他学校的孩子们要领先平均将近一年的时间。要知道，这里环境很差、班额很大，而且每天花在正式学业上的时间也很有限。

---

① 译者注：这里的“手写体”指的是“cursive writing”。在本书原著出版的年代，多数美国小学都要教这种写字方法。这种写法的特点是字母与字母之间均有连笔。现在，美国公立小学都已经不教这种写法了。在我看来，“手写体”也已经蜕变成了一种装饰性的写字方法。

为了重组学校以充分发展每个儿童，目标之一就是让学校学习适应儿童个人禀赋。昂德尔公学还仅仅略有触及，道尔顿制则更进一步。至于彼得莱斯制，可以说已经实现了真正的个别式教学了。但是，麦金德女士告诉了我们，如何在大班额环境下面向幼儿提供个别式教学。只有在她的工作当中，我们才看到了基于新目标设计的有关教学材料。我国的帕克赫斯特女士、斯特里特姆山的巴西特女士、彼得莱斯的巴德利先生，已经发现了当初为班级教学准备的个别式教学材料的使用方法。麦金德女士更进一步，她专门为个别式教学准备了材料，而且是在最难实现的年级上。

五、奥尼尔学校①

一项完全不同的实验，发生在奥尼尔（E. F. O'Neill）的学校，该校位于兰开夏郡（Lancashire）的基尔斯利（Kearsley）地区。这是我们在英格兰发现的最激进的实验，仅次于汉堡学校，甚至是布拉格的巴库莱（Bakule）学校。后两者可以说是我们在欧洲发现的最激进的实验了。

自由究其本质而言就是自治。除非自治能力能够持续增强，否则民主世界就不可能向更自由和更文明的方向迈进。这一事实在美国学校当中得到了明确的印证。一个管理不好自己的孩子，永远也不可能成长为一个自治社会的合格公民。只有认识到这一点，我们才能真正认识到自由的力量。我们的教育问题非常复杂，因为总的来说在美国我们不是通过培养自制力、责任心、独立和自律的方法来教育孩子们，而是靠着教师的控制、纪律和教师负责的方法——换句话说，是用一些破坏自治能力的方式来教育孩子，而不是培养他们的自治能力。

早期的美国学校是在自由环境下发展起来的。美国作为一个先锋国家，一直以来都是一片自由的土地，从最初开始就在很大程度上实现了自治。当时在空气中弥漫着一股自由的气息。儿童一直被当作个体，独立并且能够思考和参与社区自治。对于当时的学校来说，发展独立精神并不是必需的。孩子们可以在教室以外获得责任

---

① 译者注：本章原标题为“解放工厂的苦工——基尔斯利的奥尼尔”。

感，获得理智、独立的思考能力。当时的“小红房子学校”，会在读写算之外增加严格的纪律。这不是要破坏儿童已经拥有的独立性，反而是要让它变得更加平衡。

时过境迁，培养责任感和独立性的需要，在很大程度上落在了学校的肩上。今天的孩子们，要在学校里花费更多的时间，接受更多的训练。今日美国的生活条件，特别是大都市的生活条件，和以前那种小规模的、自治的社区生活相比，已经不再适合个体独立性的培养了。读一读这间美国知名大学的校训吧：“让自由之风劲吹。”① 虽然这股“自由之风”始于学校以外，但如今，这股风必须以比现在猛烈得多的态势席卷校园，好让它在校园之外长存。

正是基于这个原因，诸如奥尼尔的学校这类欧洲“自由”学校中的实验，大大激励了美国的教师和家长——他们希望看到，下一代成长为能够妥善应用自由，而非滥用自由之辈。

奥尼尔很难被发现，他有点被忽视了，也很少有英国教育家了解他。其实，奥尼尔是一个天才英博、亮拔不群的人。

刚抵达基尔斯利，我们就被镇上的丑陋景象震惊了。房子是用普通红砖砌成的联排公寓，分布着一连串不同家庭的入口。紧挨着的屋顶上，一茬茬烟囱，显示出有多少个壁炉可以供居民取暖，这可以告诉我们这里的确切居民数量。街道上铺的是鹅卵石。一座座巨大的砖砌纺织工厂突兀地立于这片肮脏的景观当中。当我们走进镇子时，突然听到一阵响亮的咔嗒声。转过身来，我们看到那声音是街上一群穿着木屐跑来跑去的孩子们发出来的。这种鞋的鞋面是皮的，鞋底是木头的，用铁丝固定在一起。

当我们到达学校时，孩子们正聚集在大厅里祷告。过了一会

① 译者注：“让自由之风劲吹”（The wind of freedom blows），是美国斯坦福大学的校训，原文写作德文“Die Luft der Freiheit weht”。

儿，奥尼尔太太过来亲切地向我们打招呼，帮我们拿行李。然后，我们就遇到了奥尼尔先生，开始了解他正在做的工作。他主动、热情地谈论着自己的工作。人们立刻能感觉到，这个人的全部生活都在为某个理想服务，而这绝不是什么平庸的理想和生活。

学校正中是一个狭长的大厅，里面摆放着一些桌椅，有点像图书馆，但又没有那么正式。大厅两侧是教室，尽头包含两层：楼下是教室，楼上是两间办公室、一间厨房和一间木工场。

这里的家具都很粗糙，多是孩子们自己在工场里制造的。可是，墙上到处都是些漂亮的图画，有的是原件，有的是精美的复制品。我们后来得知，这些东西都是霍姆斯（Holmes）上校（学校里的一位教师）自己掏腰包买的。他从自己家里拿过来，希望能给孩子们一个充满艺术品的环境。

奥尼尔尝试用激励来替代强迫。他设法寻到了这样的替代品，然后将其应用到了学校环境中去。对他来说，美本身就是一种激励的力量。只要有适当的机会，孩子们就总会有所回应。他给孩子们营造了美的环境，然后给了他们回应美的自由。奥尼尔给学生们的这种自由，以及他本人的那种强大的个性力量（不管他本人有没有意识到），都起到了指导性的作用。

这所学校的自由氛围，真是难以言表。这里没有固定的课程和课程表，没有任何固定的东西。在霍姆斯上校的房间，我们看到过一根单杠。这是用一些长木杆绑在一起制成的，和教室里的那种一个样。别的孩子在学习时，另外的孩子就可能在这上边玩。某个孩子在学甲科目，别的孩子就可能在学乙科目。孩子们可以自由走动，或者跑去找别人交流。在其中一间教室里，教师缺席了有将近一个月。并没有什么代课教师，两个十二岁的女孩子在全权负责。这是全校唯一看起来像寻常学校那样井然有序的教室。

在好为人师者看来，这所学校的混乱可以算是无可救药了吧。

毫无疑问，这里的确有混乱和缺乏组织的风气。然而，某种非凡的力量正在这些孩子身上孕育着。这些小孩子的父母都在纺织工厂做苦工，他们离开学校以后也很可能注定要去做这样的苦工。

奥尼尔本人是中年级教师，这些男孩和女孩在早上的大部分时间里都分散在大厅里。奥尼尔忙着给我们介绍自己的工作，带我们参观学校，无暇顾及这帮孩子。可是，孩子们在我们交谈时的学习方式，可以说给所有学校都上了一堂课。他和我们的交谈很大声、很诚挚，孩子们就在离他不到 1 米的地方学习，可是他们似乎完全没有受到干扰。

我问他，这所学校是不是没有课程。他说："不，我们是有不少课程的，只不过我们不会一遍一遍去重复。我们先把它弄清楚，然后就着手改编它。我们之所以这样做，是因为这会儿好的东西，换个时间就未必还是好的。要是我们想整整一周都拿来学算数，不去管阅读或者写作，那么我们就这么做了；或许下一周我们就会花一整个星期在文学上。一般来说，我们会花上五分之一的时间在算术上，花五分之二的时间在英语上（包括各个时期的历史、地理、写作以及文学），花五分之二的时间在体育活动上。不过，我们当然没办法完全做到。我们会每周做一次回顾，看看是否疏忽了某项主要的活动。如果确实如此，我们就会花更多时间在那项活动上。如果某个孩子在某个科目上落后了，他就要给我们看自己的时间表。如果他在这个科目上花的时间太少了，那我们就会建议他多花一些时间。"

我问他还有没有时间来进行常规的课堂教学。奥尼尔回答说，每周大约有两个半小时用于这类学习，但也不是常见的那种教学。假如教师发现有些什么事情需要孩子们了解，他就会和孩子们谈一谈这件事。教师和孩子们一道去学习，激发他们的好奇心，帮助他们围绕这个主题独立开展学习。一旦教师提供了这种动力，他的课堂教学就到此为止了，接下来就要让孩子们自行完成。当然，学生们也会来请老师帮忙，但是他们的学业彼此独立。

这一切都是非正式的。要是有学生开始厌烦某位教师的学科，他就会停下来做别的事情，或者可以随时去工场。当教师发现大多数学生都失去兴趣时，他就会另上一节课，给孩子们一个全新的开始，只不过这次或许已经是另一个科目了。

教师是活动的发起人，是兴趣的激励者，是儿童自愿学习的帮手，而不是通常意义上的指导者。

“除了识字和找零的能力以外，我们不在乎孩子们还能了解什么。”奥尼尔说。“我们想要给他们‘行动’的能力。如果他们学会了负责任，如果他们学会了成功地与他人相处，如果他们通过学习开始有了阅读或理解的意愿，我们就给学生们提供了远超任何书本所学的东西。”

在这所学校的教师当中，有一种冒险、自由和努力的非凡精神。有两位教师即便不开薪水，也要在这样一所具有自由理想的学校工作。霍姆斯上校花了 300 多英镑来购买画作。他本人就是一位艺术家，他的课堂工作中很大一部分是借助艺术的激励完成的。

奥尼尔太太主要借助诗歌来教学。她班上的孩子都会写诗，有些孩子还写得相当好！举个例子，下面这首诗的作者是一个十三岁的少年，她住在丑陋的基尔斯利，而且很可能注定要一辈子留在那里。当你读到这首诗时，你便能理解奥尼尔太太做的事情有多么了不起了。她竟然可以让这样一个小女孩，有了这样的感受、想象和表达：

溪

潺潺溪水流不停

暗夜悄无声

鼓荡前行处
娇艳花丛脚步轻
水车隆隆响
径向幽谷行
仙女山
小精灵
连绵牧草绿莹莹
农人喜相迎
一路前行何所见
忆往总关情
稚子欢颜游戏处
采花人必经
暑日本难奈
何不向溪行
心念处
迢迢万里赴此行

另外一首诗，这孩子还给配了音乐：

风暴之王

黑夜中的惊雷
是风暴之王在怒吼
他备好战车
要去往奔腾的大海
一切都已停当
他抽动鞭子
颤抖吧，人类

无可躲避的暴风雨
是风暴之王在怒吼
他高举宝剑
要让那闪电撕裂天空
车轮滚滚
雷声隆隆
闪电、雷声
他的怒气正盛
血红的胡须，飘在半空
闪电、雷声
王近了
雷声更加分明
又一记闪电
又一记雷声
轰隆隆，轰隆隆
风暴之王正在行经这片天空

这尚且不是班上写得最好的。我还收藏了一位更有天赋的学生作的几首诗。当然，也有人天分要少一些，但是他们都在思考、创造和想象。

奥尼尔相信，只要每个孩子的想象力都被唤醒，只要每个孩子都能领会到学习的乐趣，只要每个孩子都能建立起某种责任感，那么是否能像正规学校的孩子那样了解那么多的历史事实，是否能同样快速、准确地完成算术难题，都不要紧。更何况，这里的孩子们最终也学会了正确地拼写和写作，上面几句诗就是明证。奥尼尔的想法可能是对的。

奥尼尔告诉我们，孩子们刚来的时候什么也不想做，除非有人要求他们，而且还得有教师看着才行。现在，同一批孩子已经养成了独立性和主动性。事实证明，他们的确是这样的。一个纺织厂老板抱怨说，奥尼尔的一名毕业生被安排在一项不适合他的工作上才两周就要求转岗了。奥尼尔问，这样的情况之前有没有发生过。老板说："这工厂办了六十年，从来没出现过这样的事。"奥尼尔说自己很高兴，因为他的学校初显成效了。

还有一个例子，可以表明这所学校缺少教学计划的"非正式性"。有一次，一名转学生在诗歌上表现出了特别的天分。于是，奥尼尔就停下手头的工作，让其他孩子自学，然后开始给这个孩子介绍丁尼生（Alfred Tennyson）和白朗宁夫人（Elizabeth Barrett Browning）。整个上午，他都在和这个孩子一起读诗。其他的孩子渐渐围拢过来，人数越来越多。孩子们大睁着眼睛、贪婪地听着，有个孩子的面颊上甚至挂着泪珠。正如奥尼尔说的那样："内心的火苗已经点燃。这些孩子的口味，就是借着他们吃的东西培养起来的。"

在常规学业方面，也可以举个例子。我们看到一个做算术的孩子走到奥尼尔太太跟前，问了一个关于分数除法的问题。奥尼尔太太问其他孩子，有多少人也不明白。大约有一半人举了手。她就和这些孩子约好，下午 3 点钟来找她，她到时候会给他们解释和帮助。找老师并不是强制的。刚刚开始施行这一制度时，许多孩子会无视这类预约。不过，他们现在逐渐认识到，这样的预约是自己的机会，他们可以学到自己需要了解的东西。结果，对于这类预约，孩子们都开始牢记于心。

在一间低年级教室里，有的孩子在读书，有的孩子在学地理。有个孩子打算收拾收拾自己的桌子。他拿了一桶水和一个硬毛刷，开始动手。其他人也觉得这个主意好，于是也跟着干了起来，其中也有孩子开始对付地板。教师完全不干预，直到有个孩子泼了人家一身水，他因此被剥夺了擦洗的权利，要不然这些孩子就是完全自由的，绝不会受到一丁点儿惩罚。

学业不拘一格，孩子们认真地预约教师，他们自由且负责任地使用厨房和木工场，虽然没有强制性的要求可是也在学习阅读和算术，这样的例子难以穷尽。但是，仅仅是已经提到过的例子也足以表明，这所学校缺乏组织和确定性，拥有一种卓越的精神风貌。

在这所学校，我们能找到各种反抗：反抗形式化、反抗专制的教学、反抗各种预设的进度、反抗把儿童学习机械化。

我问奥尼尔，在公立小学进行如此激进的实验，在获得许可方面有没有遇到过什么麻烦。他俏皮地眨了眨眼睛，说自己从来没有想要得到过什么许可。不过在向我们描述教育委员会的官方调查时，他的确是很恼火的。有些家长投诉说，在奥尼尔的管制之下，他们家的孩子连阅读和算术都忘掉啦。这次调查是在我们访问前两年发生的事，当时奥尼尔的实验刚刚进行两年。教育委员会问他："你们这儿没有课程表、没有要学的科目、没有规范的纪律，是这样吗？在你到这儿以后，学生对一般学校科目的掌握越来越少，是这样吗？"

奥尼尔大致是这样答复的：

"是的，以上情况属实。不过，我刚来那会儿，孩子们恨透了学校；现在，他们常常自愿在学校里待到晚上 9 点。我刚来那会儿，他们只会四处搬弄是非；现在，他们各修己身。我刚来那会儿，他们是一群大话精；现在，你可以相信他们说的东西了。我刚来那会儿，他们中的很多人会偷东西，从下午放学到第二天早上学校都得锁起来；现在，学校从来不上锁，可是什么也不会丢。

"我们也想让孩子们有文化，只要你肯给我们时间，他们就能做得到。但是，我们希望他们自己想要有文化。要克服他们对强迫学习的抵触需要时间。我们不太关心识字和日常买东西时用到的那点儿算术以外的知识。至于其他知识和更高级的能力，可以让每个孩子服从自己与生俱来的兴趣。我们更关心的是这些孩子自身。我们希望他们学会负责任；我们希望他们学会尊重彼此的权利，并且不是因为什么权威人物的命令，而是因为他们真能理解这样做的必要性；我们希望他们能学会自由、明智地彼此合作；我们希望他们能看到自然之美、文学之美。所有这些东西，都不可能通过强迫的学习、强制的纪律来实现。有了学生与学生、学生与教师的自由联合，这一切都会水到渠成。

“我们这些教师，只有拒绝当独裁者，才能成为孩子们的伙伴。而只有作为他们的伙伴，才有办法给他们最好的东西。给孩子们自由，需要巨大的耐心和毅力。你觉得我们教师会不喜欢秩序井然的学校，而喜欢像疯人院一样的地方吗？你觉得我们是把全部时间都花在学校，还是像一般那样只花个 6 个小时在学校会更容易？你难道没想过，晚上回到家，我们的教师也常常会气馁，会一次又一次地感到无力？可是我们相信，所有这些牺牲终究还是值得的。不要因为一小部分家长的误解，就浪费我们付出的所有这些牺牲。

“我们才刚刚理出头绪，已经看到成功的曙光了。在过去的两年时间里，这些孩子想尽一切办法来滥用我们给他们的自由。现在，他们好不容易开始学会使用这种自由了。要是这时候开始限制他们，那头两年的功夫就都白费了。”

教育委员会感受到了奥尼尔的这份恳切。然而，他们还是要求他制订某种学习计划，来粗略地分配一下时间。这样，他们就可以说服家长，孩子们是真的在学点什么。

就这样，在我们访问期间，奥尼尔和他的同事们正在准备一份大纲。

奥尼尔的方法，会让追随传统的人感到震惊莫名。但这是一种有益的震惊，一种富有启发性的震惊。自从参观了他的学校以后，我就一直想要找到什么办法，在不太牺牲效率的同时，能让基尔斯利的这些成果在我们的文纳特卡学校里也得到实现。

在美国，纽约的玛丽埃塔·约翰逊学校（Marietta Johnson School）和瓦尔登学校（Walden School），是为数不多的几所可以与奥尼尔的努力相提并论的学校。

和欧洲的其他自由学校一样，奥尼尔的工作与美国人普遍接受的常规学校之间同样存在巨大差异。一个如此背离我们接受的教育观念（学校应该怎样）的人，仍旧可以取得这样好的成果，这件事情本身就值得我们好好反思。

奥尼尔的孩子们收获了天真、自主、创造力以及独立和自强，这足以弥补在效率和学业方面的任何损失。

尽可能发展每个孩子身上的可能性，这是奥尼尔学校真正高唱的理想。这群人怀抱着来自信仰的勇气，敢于颠覆一切传统，给这个粗陋的工厂区的孩子们一点点可能，去触碰自由、去领略美、去尝试自己创作、去做一次真正独立的呼吸。人们满怀激动地从这里离开，内心饱含深思与敬意。

六、德可乐利学校[①]

奥维德·德可乐利（Ovide Decroly）博士对于自己的工作饱含热情，他拥有广博的心理学知识，懂得如何明智地爱孩子。基于所有这些，他不仅在自己在家乡比利时，而且在法国和瑞士创办了自己的学校。他能把每个孩子都当作未来人类社会的一分子。

随着人口的持续增长、科学知识的持续进步，整体的社会结构、经济结构变得越来越复杂。教会孩子们合作，教会他们在我们这个文明当中平稳、有效地扮演自己的角色，这件事情变得越来越重要。即使是一个婴儿也会很快知道，咬自己的脚趾就会受伤。可是，这个事实的社会应用，却没有那么容易让人明白：伤害我们这个社会的其他任何成员，都不可能不伤害到我们自己。几乎没有什么美国学校试图去秉持这样一个抽象的原则，尽管它在个人日常生活和行为当中显得至关重要。全体社会成员都是相互依存的，可是，美国学校未能让孩子们认识到这一点。可以说，我们社会的几乎全部罪恶都肇端于此：社会犯罪潮、追求暴利、行为腐化、滥用

---

① 译者注：本章原标题为“一窥德可乐利在比利时的工作”。德可乐利在于克勒（Uccle）开办的特殊教育学校开办于 1901 年，他的普通儿童学校开办于 1907 年。陈祖钧曾于 1931 年访问其特殊教育学校，参观报告见于：陈祖钧：《比利时国德可乐利非常儿童学校参观报告书》，《开封实验教育》，1933 年第 2 期，第 1—4 页。陈鹤琴、马客谈曾于 1935 年访问其普通儿童学校，参观报告见于陈鹤琴：《参观德可乐利学校报告》，《儿童教育》，1936 年第 3 期，第 30—33 页。

权力和正义感衰退等等，概莫能外。

德可乐利的教育体系正在逐步完善，至少在培养孩子们的合作能力方面，可以给我们带来启示。他的方法，同时也可以发展主动性和责任感。

我们第一次见到德可乐利，是他和雷蒙德·比斯（Raymond Buyse）去美国考察实验学校的时候。他们在文纳特卡待了一天，他们求知心切，提的都是些聪明的问题，言谈当中有一种迷人的天真。我们从名片中得知，德可乐利是布鲁塞尔大学教授，比斯是督学。可是，直到数月之后我们才知道，那个温和、谦逊、留着棕色胡子、有着慈父般眼神的德可乐利，原来竟然是全欧洲缺陷儿童教育方面的泰斗。

和蒙台梭利一样，德可乐利也是从缺陷儿童开始开展自己的工作。他在自己位于布鲁塞尔的家附近建了一所专门为缺陷儿童提供教育的学校。在这里，他凭借训练有素的心理学技巧、对儿童的爱和同情，按照缺陷儿童的思维方式来进行观察，以极大的耐心尝试不同的教材，试图找到能让这些儿童发生兴趣的东西，来发展他们集中注意的能力。

参观者们几乎被摆满了桌子和橱柜的各种装置搞得眼花缭乱了。靠着这些素材，孩子们就可以摆脱漫不经心和飘忽的兴趣（缺陷儿童的特点），开始集中注意力并进行敏锐的观察。这对于读写算的学习来说是必要的，同时也可以为他们成长为一个独立自主的社会成员提供必要的技能。在众多装置当中，我选择了几个典型来具体说明其方法。

在一张桌子上摆着一些薄木板。其中一块木板上切出了三个香蕉的形状，一个小号、一个中号、一个大号。被切下来的木板，被涂成了香蕉的样子，可以装进前一块木板上相应的小洞里。孩子靠着感觉、外观和试验，来了解哪个香蕉适合放进哪个洞里。

另一块木板上画的是一幅风景画，上面的风车和几棵树的位置是镂空的，玩的时候需要把风车和树装进合适的洞里。还有很多类似的木板，难度水平逐渐提升。这些带有嵌入部分的木板，和塞贡(Edouard Séguin)①、蒙台梭利的教具并没有什么不同。它们的作用也是要训练感官，发展细致的观察能力和辨别能力。但是，德可乐利的这些装置，要比蒙台梭利使用的几何图形有趣得多。因为用的是孩子们熟悉的东西，也更能够激发他们的想象力。

这个原则代表了德可乐利的全部工作的特点。他不断尝试将正规学习与真实经验联系起来，不断尝试激发孩子的想象力、调动他们的兴趣。所有的材料，都包含某些情感成分。

另一个例子是用来辨别高度的材料。和蒙台梭利不同，德可乐利没有采用棍棒和圆柱体的排列去训练，而是采用一些雕刻好的、

---

① 译者注：塞贡（Edouard Séguin，1812—1880）出生于法国，后定居美国，是智力迟钝儿童教育问题的先驱。他的生理学教育方法（包括道德训练和卫生保健），是一种对待智力迟钝儿童及其他异常人群的人道方案。塞贡相信："在智力迟钝儿童的所有能力缺陷当中，没有哪一项会如此致命，以至于能妨碍他们去动手和运动。这些缺陷的直接结果，是妨碍智力迟钝儿童去发展自己的能力，进而妨碍低能儿得到获取知识的工具。"（Seguin，E. (1866). *Idiocy and Its Treatment by the Physiological Method*. New York, NY: William Wood & Co, p. 98.）这句话相当关键，体现了塞贡的核心观点：智力迟钝儿童天生的能力缺陷并不可怕，可怕的是这些缺陷让他们丧失了发展的机会。

蒙台梭利深受塞贡的影响，她写道："当我还是精神病诊所的助理医生时，就以极大兴趣阅读了爱德华·塞贡著作的法文版。"（蒙台梭利著，任代文译：《蒙台梭利幼儿教育科学方法》，北京：人民教育出版社2001年版，第75页。）蒙台梭利曾把塞贡的两本代表作翻译为意大利文，并且从头至尾手抄了一遍。其中一本是法文版的《愚儿及其他发展落后儿童的道德治疗、卫生保健与教育》（*Traitement Moral*，*Hygiéne*，*et Education des Idiots et des Autres Enfants Arriéres*，1846年版），另一本是英文版的《愚儿及其生理疗法》（*Idiocy and Its Treatment by the Physiological Method*，1866年版）。

上过漆的木头树和木头房子。宽度练习则是将一组木质玩偶，根据其胖瘦按顺序挂在钩子上。这些玩偶也可以用来练习颜色辨认，因为玩偶们有各种不同颜色的小衣服。

这里还有许多类似的配对游戏。在阅读的学习当中，能把一个东西和多少有点不同的另一个东西相互匹配起来的技巧，一直是非常必要的。结果，我们就看到了这样的东西：一张卡片上画着好几个相同的人物，人物的衣着颜色各异。孩子们要把剪下来的人物，和卡片上的人物配上对。在另一张卡片上，同一个男孩摆出各种不同的体态。孩子们要从一个装满复制品的信封当中，找出相匹配的那一个。第三张卡片上画的是一个房间，房间里有一组相同的茶桌。每个茶桌上都有一个足球，只是位置各异。孩子们需要把另一组小卡片，和这些大卡片逐一配上对。这样的配对，也是从易到难，难度水平逐渐递增。

孩子在用过许多这样的装置以后，就逐渐形成了专心观察和学习的习惯。这时候，他就可以用类似的拼图和游戏来开始学习阅读了。在这方面，不同孩子用时各异。一般孩子会玩一年，智力水平极低的孩子可能要用四到五年。

其中一种阅读学习装置，是把一个句子与相应内容的图片进行配对，比如说“猫在喝牛奶”。完成配对以后，孩子们要把这句子拆解出来的几个词，按照原句顺序排列好。

接下来，是学习单词。其中一种装置是用小火柴盒做的，封面上有物品的名称，盒子里装着相应的物品。孩子们要把正确的答案，放在相应的盒子上。

在更高级的阶段，孩子们会拿到这样的卡片：卡片上方是一张图片，下方则粘着相应的小东西。在图片或物体下方会有一些问题，比如：“这是什么？”“它是什么颜色的？”“我们如何使用它？”信封里装有印好的答案，孩子们需要把答案与相应的问题匹配起来。

让人震撼的是，每个装置上都有孩子们可能熟悉和感兴趣的东西，这要么是一个实物，要么是一张图片。对于实物教学的应用，至少可以追溯到裴斯泰洛齐（Johan Heinrich Pestalozzi）。但是，德可乐利以非比寻常的独创性和一致性，完成了这项工作。

德可乐利的这些精巧的装置，已经无须更多的例子了。这些装置一开始都非常简单，即使是那些最低能的孩子，也可以从中找到有趣的材料。这些东西从最简单的材料开始，然后逐步、缓慢地提升难度，一直到能够进行读写算的入门训练为止。每一步都包含大量不同的装置。持续使用此类装置，可以不断培养孩子们的想象力。这类学习高度个体化，而且往往可以自动纠错。

孩子们特别喜爱这类学习。他们发展出了长时间保持专注的能力，以及德可乐利试图训练的技能。

这段教育低能儿的工作，为德可乐利后续的针对正常儿童的工作提供了一些极有价值的线索。在布鲁塞尔的一所私立学校，他的教育理念得以付诸实施。这里的学生从四岁到高中不等，都是些智力正常的孩子。

一进入这所学校，我们就被充满欢乐、无拘无束的儿童生活和积极的学习氛围打动了。教室里大都摆着长桌，每张桌子周围坐着大约 15 个孩子。墙上挂着许多孩子们的画。柜子里有各种各样的标本，还有装着豚鼠、兔子、小白鼠或者鸟儿的笼子，以及装着蜥蜴或者小鱼的玻璃碗。在一年级教室里，半个屋子的天花板吊着棉花制成的雪绒花和棉线代表的雨。一个大大的黄太阳，挂在教室正中央。沿着一楼到二楼的楼梯，贴着一张窄窄的纸条，上面写着："这条路通往伟大、奇妙的动物园。"这是学校最近办的马戏团的痕迹。

孩子们随时随地都可以自由交谈，当然高年级比较安静，低年级吵闹一些。教师们手握大权，禁止任何对于这种自由的滥用。不过在大多数情况下，几乎不需要什么纪律约束。

一开始，我们没有发现这所普通儿童学校与之前的特殊教育学校有什么相似之处。在于克勒（Uccle）学校应用的那么多巧妙的装置，在这里几乎看不到。这边的教育，似乎更缺乏组织、更加自发，他们更少用到那些装置，更多使用活生生的东西、实地考察、讨论以及故事。

不过，二者在事实上的差别，并不像初看起来那样确定。因为，在于克勒的那些孩子也会接触活物，也会远足和讲故事。当我们更仔细地观察布鲁塞尔学校时，我们也开始看到这些装置的使用。但是，在这些普通儿童的教育当中，装置的地位退居次要。

德可乐利和蒙台梭利的一个重要区别就在于此。德可乐利认为，对于普通儿童来说，特殊教育学校需要的那种详尽的感官训练可以大量免除。德可乐利只保留了极少部分预备训练装置，主要是直接用于读写算训练的那部分。

这些学习中的要素纯粹是个体性的。尽管德可乐利博士和麦金德女士都没有听说过对方，但是他们的工作非常相似。虽然细节不同，但是他们的装置仍有许多相同之处，比如装置的基本类型、自我指导的属性（有时是自动纠错的属性）以及在掌握学习工具方面对于个别式教学的应用。与德可乐利的普通儿童学校相比，麦金德女士制定了一套更加完整的步骤、更加确定的组织形式。在她看来，这种个别学习是学校的核心活动，分组学习则是第二位的，而且在很大程度上具有娱乐性。

然而德可乐利的关注点是分组学习，只在基本技能的学习上利用个别式教学来做补充。分组学习要应用这些技能，并且可能调动对于这些技能的需求，但是这些技能本身并不是教学的目的。正是这样的分组学习本身，在教会孩子们合作。它适于在孩子们身上培养某种品格，让他们能够有效适应当今这个复杂的社会结构。

对于德可乐利而言，教育是为了发展孩子们的主动性、想象力、敏锐的观察力、专注的学习能力以及与他人合作的能力。读写算是次要的，虽然也的确很重要。因此，学校中的各种团体，主要都不是为了服务于教学，而是为了发展需要的品格。

为了达到这个目的，儿童的成长环境就要尽可能丰富。正因为如此，教室里才会有宠物和各种有趣的展览品，才会有野外考察以及短途旅行。不过，孩子们对于此种环境的反应仍是有指导的，他们的活动有确定的主题或者兴趣中心。

这种“兴趣中心”可能持续一个月或者一年，并且总与孩子们熟悉的事物有关。在有的年级，兴趣中心可能是饥饿，在另外一个年级就可能是工作。孩子们把自己能找到的与主题有关的一切东西，都带到学校里来了。他们剪图片、装进信封，他们画画、做黏土模型、做木工活，一切的一切都与这个主题有关。

如果小组的主题是工作，那么每个孩子就会从中选择自己感兴趣的话题。话题五花八门。我们听到的讨论包括猴子、大海、蒸汽机的运转以及油毡。

选择好话题以后，这个孩子就开始着手做自己的研究。这种研究通常要基于阅读来完成，但如果情况允许也会有对研究对象或者过程的直接考察。这个学生会收集相关的说明性材料，并且会在可能的情况下，用大家一道收集的图片册来说明全班目前正在学习的这个主题。他也会亲手画一些原创性的图片。他准备了一份完整的报告，写在自己的笔记本上，用剪报图片或者自己亲手画的图片来做说明。他用了大约一个星期的时间来准备这份报告。教师做了认真的批改，然后这个学生对所有的错误都做了订正。

报告准备好以后，这个孩子会面向全班同学做报告。他可以自由地使用黑板，给在座的同学分发标本或者插图，回答他们的提问。孩子们抛出了各种各样的问题，一方面是出于对这个话题的兴趣，另一方面也是想看一看他对这个话题的了解程度。如果他的报告或者答案不让人满意，他们就会要求他去查阅缺失的信息，甚至全部重做。

所有的听众，要么在听讲过程中做笔记，要么在之后写一份概要。他们有一个专门的本子用来做这件事，还在上面加了插图。

讨论、记录别人的报告，准备、修改自己的报告，占用了孩子们一天当中的大部分时间。这一天剩下来的时间，则都花在个别学习、唱歌、体育锻炼、娱乐和偶尔的短途旅行上。

此类报告是德可乐利法最典型的特点之一，针对的是三年级以上的正常儿童。实际上，这种方法开始得还要更早一点。这构成了学校生活的真正核心，也是阅读、写作、拼写、作文、语言、语法、历史、地理和绘画中的绝大部分学习的基础。在很多方面，这种方法与美国的“设计教学法”类似，当然不同点也一定是有的。这些报告是对于某些自我指导装置起主要作用的个别学习的补充。这样做的好处是，可以从什么都得教师教的噩梦当中解脱出来。在上述这些学科当中，学生报告这种教学形式虽然有效，但却是附带的。教学价值并不是此类报告的真正目的，只能算作它的副产品。报告的真正目的，是培养学生的主动性、自立能力、合作意识以及一种观察的习惯。

当然，这种方法的主要缺点在于，听众的收益比较少，没有报告者本人的收益大。这是讲授法不可避免的一项弊端，而报告人的外行人身份进一步放大了这一弊端。

不过，报告法的优点，显然超越了它的缺点。这种报告体现了真正的合作精神。小组里的每一个成员，都对核心主题有贡献。而且，每一个主题，都会最终受益于生动的小组讨论。研究和认真准备报告的过程、每周向小组提交报告的过程，都包含一些极好的训练。满足个人兴趣的自由，加上来自小组其他成员的丰富影响，在合作过程当中培养了主动性。

德可乐利学校的每个小组，大约包含 15 个孩子。在大班额公立学校当中，全班学生可以分成两三个这样的小组，然后就完全可以采用这种教学方法了。

幸运的是，德可乐利法并不只是用在他的这所私立学校。这项方法在布鲁塞尔的公立学校，也运行得很成功。最忠实地遵循这条路线的，是阿梅莉·哈迈德（Amélie Hamaide）女士的班级。她曾经在德可乐利的学校任过职，对这里的东西了如指掌。哈迈德最近出版了一本有关德可乐利法的书①，她的班上有大约 35—40 名八岁大的孩子。

在她的课堂上，人们可以看到自学装置得到了更普遍的应用。而且，她又发明了一些与德可乐利装置十分相似的东西。这项工作完全是由她自己一个人完成的。她发明的装置，并不强调自动纠错。因此，当孩子们分头操作不同的装置时，一位不太熟练的教师要想跟上孩子们的进度，就很可能会手忙脚乱。不过，哈迈德女士本人对于每一种装置、每一个孩子都非常熟悉，所以没有一个孩子会出现无所事事的状况。

在哈迈德女士的课堂上，独立学习、自我教育的地位比在德可乐利学校还要重要。这也许是因为她的班额更大，也许是因为孩子们年龄更小，也许是因为孩子们终归要离开她去到常规的班级。总之，就像麦金德女士一样（也许是出于同样的原因），分组活动在这里似乎也是居于次要的地位。

---

① 译者注：哈迈德的这本书已有中译本（哈迈德著，崔载阳译：《新教育法》，上海：中华书局 1932 年版），由原书的法文版（*La Méthode Decroly*）译出，只是版权页错把作者写成了德可乐利。

但这并不意味着分组活动不存在。哈迈德女士会带着自己的孩子们进行各种各样的旅行。当我们在布鲁塞尔的时候，孩子们正在给布鲁塞尔的部分地区绘制地图，以显示他们最近一次的远足路线。她也像德可乐利学校一样，用到了笔记本和说明材料。为了保存剪出来的图片，她在黑板下方的墙壁上挂了一组信封。每个信封都标明一个宽泛的主题，里面放着孩子们和她自己剪下带来的那些合适的图片。所有的孩子都可以从这些信封里取材料，来给他们的笔记本配图。

哈迈德女士的班级，可以说是德克乐利法在公立学校条件下的最佳范例。但是，真正让这个方法推广到公立学校的，可能要归功于雷蒙德·比斯。

比斯是比利时教育部任命的布鲁塞尔圣吉勒斯区督学。他是德可乐利的朋友和追随者。1922 年，正是他陪同德可乐利，考察了美国的教育实验。他把德可乐利法引入了自己所在区的许多学校，每一所学校都有一两个实验班级。只要发现一位适合的教师，有可能成功应用德可乐利法，他就会引进这个方法。他希望学校里的德可乐利班，能够引起其他教师的兴趣，并且逐渐推广到其他班级。他同时也非常想弄明白，要想适应公立学校，德可乐利法还需要做哪些改进。为此，这些被选中的班级，实际上都成了试点单位。

在布鲁塞尔的公立学校当中，尽管德可乐利法被极大地稀释掉了，但还是对这些学校的刻板运行方式产生了潜移默化的影响。与其说这些学校接受了德可乐利法，不如说它们是受到德可乐利法的影响，来调整自己的日常工作。影响之一，就是开始给儿童更大的自由、给儿童更多表达自我的机会、给儿童更多主动性和原创性的发展机会。这种影响背离了工厂模式，反对把儿童打磨成完全相同的规格。同时，努力实现在今天的实验教育中经常看到的那种理想，也就是每一个儿童个体的充分发展。

有趣的是，德可乐利的工作中包含的元素，与其说是向别人借鉴来的，不如说是他自己的独创。当一场伟大的运动开始崭露头角时，它会通过众多相互独立的个体的工作和努力来表现自己。德可乐利的工作，就是一个重要的例证。蒙台梭利夫人、麦金德女士、比利时的德可乐利、底特律的柯蒂斯以及其他许多人，他们都设计了自己的教学方法和教学手段。要知道，只是在 30 年前，这些东西还会被认为是不可能的。在当今这个急剧变动的文明之中，教育需求如此迫切。这些人的努力，都是在试图满足这样的需求。

尽管有大量美国教育者正在各地发扬德可乐利法的精神，但是，除了最近在佛罗里达成立的一所私立学校以外，还没有哪所美国学校完全施行了德可乐利的方法。德可乐利的工作告诉我们，现代进步教育的那些最优秀的元素，是怎么结合在一起的。他的工作包含个别式教学、设计教学法、道尔顿制以及蒙台梭利教育原理的众多元素。它本身就是一个范例，说明任何具有独创精神的教育领导者，都可以亲自动手，去融合、改进、发明和设计手头的教育材料以及在其他地方已经发展成形的教育方法。

七、博爱学校[①]

从阿姆斯特丹出发乘蒸汽小火车，大约 2 个小时以后，就到了运河与牧场环绕的拉伦（Laren）。这里到处都是可以入画的水泥房子，房子要么是平顶，要么用茅草铺就，门板和百叶窗上涂着各种明亮的颜色。这里的很多居民都是艺术家。村里有一所“博爱学校”（Humanitarian School）。要是从带着点贵族味的“中学”来看，这所学校显得太过于怪异和时新了，是“禁酒人士和素食者”的学校。

但是，这样一所学校对美国人是有意义的。

学校有几间单层的棚屋式木质建筑，另外就是校长和 4 名教师的住所。学校在 1904 年前后由一个叫作“国际兄弟会”的宗教组织建立，建校之初有 7 名学生，在校长的屋子里上课。现在学校发展到了大约 130 名学生，挤满了木质棚屋。目前的校长是校内仅剩的“国际兄弟会”成员。他是一个满脸红棕色胡子的男人，慈祥的目光中饱含着热忱。其他教员和他并肩工作，同样关切学校的福祉。

总体来说，这所学校采用的方法没有什么特别的地方。和许多欧洲进步学校一样，这里也包含相当数量的手工作业。实际上，一所号称进步学校的欧洲学校，往往就得包含很多由学生造出来的东西。这所学校追随的是早几年建立的“伊恩·利格特学校”（Ian

① 译者注：本章的原标题为“荷兰的博爱学校”。

Ligthart's School)，一开始就号称要给儿童更大的自由、更多的活动，让课程更贴近实际生活。

这所博爱学校的精神和理想足以打动人心，学校完全信奉博爱与和平。在战争期间，有位教员出于信仰拒绝服兵役，结果被判入狱。如果换作其他教员，他们很可能也会这么做。

在学校里，我们发现了一股正在发展壮大的普遍善意。它并非来自书本，也不包含在课程当中，而是靠着教师自身的态度和示范表达出来的。他们在这片小天地里正在成就的事业，正是国际联盟、“裁军会议”以及各种为国际社会谋福祉的联盟在更大尺度上想做而并不总能做成的事。

这所学校要培养这种理想，但不是直接进行道德教育，而是通过教师的态度，以及在历史、地理、文学中的不断强调。无论在校内校外，教师都力图把自己的生活作为一种典范，代表了那种希望学生也能获得的理想。的确，这些人是“禁酒人士和素食者”。实际上，与素食者相比，荷兰的禁酒主义者更有一种追赶流行风尚的味道。但是，这些教师并不是只晓得跟风的人。无论人们是否认同他们的理念，他们对于自身追求的目标，都是真诚且坚定的。他们并不直接教导孩子们节制酒肉，而是试图在他们内心建立一种对动物的关爱，对洁净、健康的生活的渴望。

如何用有限的经费请到充足的师资？教师们处理这个问题的方式，充分显示了他们的真诚和精神风貌。根据招生数量，国家提供的经费只请得起 7 位教师。因为其中一些是特派教师，结果就意味着每个主班教师得教差不多 40 个孩子。他们不想这样，觉得自己没法在那种情况下给孩子们提供最好的教育。因此，教师们一致决定，每个人自愿捐出九分之二的薪水，这样他们就可以多请 2 位教师了。要知道，荷兰的教师工资本就不高。

这所学校有一些自主空间，但还称不上真正的自由。因为，如果学校不遵守国家严格规定的时间表，就会失去赖以生存的国家经费的支持。在每周的26个小时内，他们必须把22个小时用在一般的学术科目和体育上。结果，类似手工、实地考察这样的学校特别关注的活动，就只能在剩下的4个小时内进行了。

在欧洲各国，教育上的中央集权对于学校活力都造成了打击，荷兰更是一个典型。英国和目前德国的多样化教育实验，与比利时、荷兰、法国和瑞士在公立教育新理念上的匮乏，形成了鲜明的对照。这与英国、德国学校享受自由，而大多数欧洲国家在教育上采取中央集权的控制直接相关。

对美国教师来说，博爱学校给人的最大鼓舞，是在严格因循的常规之下也能取得成功。美国和荷兰、比利时、法国的情况类似，各州教育委员会或者各州管理委员会也对教育上的个性化努力形成了障碍。“我们又能怎么办?”当教师、校长、督学感觉到自己无法摆脱身上的传统权威时，这是我们经常会遇到的态度。但是，这所博爱学校告诉我们，就算存在各种艰难险阻，个别教师的生活哲学、同情心和榜样，仍旧可以做到多么了不起的地步。

如果再多一点实验新理念的自由，拉伦的“博爱学校”或许就可以为教育做出实质性的贡献。尽管面临各种困难，但是这所学校仍旧可以给那些有幸了解它的人们带来启发。

八、库西内学校①

在法国，我们必须更加用心才能找到些许教育方面的灵感。这方面的灵感的确有，但只存在于极少数人的工作当中。法国是在教育实验方面最为匮乏的欧洲国家之一。在教育和政治两个方面，它仍旧没有从战争的阴影中走出来。在我们访问期间，有报道说法国教育部希望恢复“18世纪的伟大教育”。当前的领导人似乎想要废止现代教育的大多数做法，支持古典教育中更严格的心智训练。

不过，事情并非绝对。我们了解到有关“互助会”的一些情况。这些人在战争期间走到了一起，相信如果来自不同阶级的人可以并肩战斗，那么他们也应当可以上同一所学校。于是，他们就成立了“单一学校”——一间同时服务于富人和穷人的学校。蒙台梭利的影响也传到了这里，并且因为美国的玛丽·克伦威尔（Mary Cromwell）而得以传播开来。她在战毁地区建立了500所蒙台梭利学校。同时，法国也有几所“新学校”，以及取法塞西尔·雷迪位于英格兰的“阿博茨霍尔姆学校”（彼得莱斯也发源于此）的乡村寄宿学校。我们参观了其中的一所——罗歇斯学校（L'Ecole des Roches）。在这里，我们找到了欢声笑语和自由的空气、丰富的工场工作，可是学术部分的教学方法和题材却没有什么不同。

在转向平民子弟所上的公立小学时，我们感到了巨大的失望。我们发现法国公立学校的办学者们完全没有看到新时代的曙光。好

---

① 译者注：本章原标题为“合作学习——库西内在法国的实验”。

在有一个人已经发现了这种曙光，他就是罗歇·库西内（Roger Cousinet）。他是法国奥布河畔阿尔西周边乡村的约 140 所学校的督学。我们从库西内那里学到的东西，或许与从德可乐利那里得到的不相上下；在发展特定能力和社交信心方面甚至还要更好。

人们可以在库西内身上发现一种活泼的、现代的、年轻的气质，与我们在欧洲遇到的许多学校工作人员都不同。英国的奥尼尔当然也是这样的人，而且比库西内更热切，但是他对于世界各地进步教育的了解要少一点。和库西内谈过话的人就会想要把自己的孩子送到这样一个人的学校里来。他完全受杜威哲学的感召，并且想要在法国将其付诸实践。然而，他无时无刻不受到法国中央集权教育制度的掣肘。

位于巴黎的教育部，制定了全国各个阶级的儿童都要通过的那些考试。库西内学区内的儿童当然也不例外，不管他们有没有学过那些死记硬背的知识、有没有受过训练去掌握那些无用的学科。因此，库西内的任何试图重组学校的努力总要先满足这一点才行。也就是说，孩子们对于知识的掌握量，必须和那些把正规教学当作唯一目标的学校一样多。

此外，库西内能用的也只是法国师范学校输出的产品，而这些人只接受过那种正儿八经的教学训练。

有人问巴黎的一位师范学校教师，师范学校有没有采取什么措施，来鼓励教师给儿童更多的自由。“不。在几年前，我们曾一度鼓励教师给儿童一点自由。但是，我们随即发现小孩子们一得到自由，就只会叽叽喳喳了。他们以为自己有权讨论任何话题。所以，我们现在已经回到更古老、更严格的方法了。”

在他的全部学校当中，库西内仅仅在三四所学校成功地引进了自己的方法。其中一所是瓦蒂耶（Wauthier）女士任教的乡村学校。可惜的是，在我们拜访库西内的时候，他因为有别的事务无法给我们展示正在进行的实验。因此，我们只好引用一些瓦蒂耶女士对于自家学校的描述了①。

“有一天，库西内先生来我那个小小的班级访问，我们谈了很长时间。当时，他的一番话可是让我吃惊不小：‘我们要给孩子们创设一种环境，让他们从中能找到教育所需的全部东西。这样，孩子们就可以自己教育自己、不需要我们的帮助了。’他又笑着补充道：‘教师也相当安逸。你除了观看他们的生活以外，就没有别的什么事情好做了。’几天以后，我把这段话复述给同事听。结果，人家马上就回应我说：‘这位库西内先生怕是得了失心疯。你要是听他的，也就和他差不多了。’尽管这样，我还是沿着库西内先生的方向继续走了下去。

“让我们来看看学校吧。周一早上8点钟，孩子们把昨天收集好、小心保存下来的东西都带来了。大多是一些植物和动物，孩子们想要再好好研究一下，或者想要展示给自己的伙伴们。比如，今天早晨有一只昏迷的蝙蝠，有一些花花草草，但最重要的是乔治的爸爸昨天在葡萄园里弄死的一条蜥蜴。小男孩满脸兴奋和自豪地把它带到学校来了。当然，这些不可能一上午就研究完。我们必须得选一选。我们选哪一个呢？选那些花吗？明天也很容易从地里找到更多类似的花出来。大一点的孩子们在犹豫，到底是选蜥蜴还是蝙蝠。女孩子们厌恶蝙蝠：‘老师，这真的会带来霉运吗？’这时候就有必要解释一下，这根本不会带来什么霉运，以反对这种愚蠢的偏见。正好相反，蝙蝠是农业上最好的帮手之一。这些大孩子们最后的决定是，马上开始研究蝙蝠，把蜥蜴留到明天。

“随后，孩子们自己分成了两个组，一个组总是一些年龄较大

---

① 作者注：取自1922年6月在凡尔赛召开的首届“新教育大会”的报告。

的孩子，在九到十二岁之间。另一组年龄较小，六到九岁。我忘记说了，我的班级有 17 个孩子，年龄在六到十二岁之间。

“这些孩子们都聚集在黑板旁边，小年龄组对付蜥蜴，大年龄组对付蝙蝠。明天，他们会再交换过来。有一个孩子站在黑板那儿，记录其他人说的内容。我要说，这种集中的观察练习，并不会窒息和压制儿童个体。相反，它还会让儿童个体得到更加充分的表达，让每个儿童的能力都得到充分的调动。在这些儿童中间，有的人会扮演专家。他们都在观察，但有的孩子不肯用心好好说法语，结果就“总是”会挨那一两个毫不留情的小女孩的训。这一两个小女孩会重组这个句子，增加一个更好的转折，有时候拆成几个短句，或者反过来把两三个句子合而为一。这些孩子可以算是修辞方面的专家了。另一个孩子是典型的批评家，他总是说‘再试一次’，以此来让对方改进表达的内容和方式。还有一些人是拼写专家。我得承认，在让书记员改正疏漏时，这些纠错专家得到了某种恶意的快感。

“因此，在集中学习期间，每个孩子不仅仅是在一起观察，也是在各自运用自己的专长。这就否定了常见的对于集中学习的批评。在发展学生个性方面，集中学习并不逊于个别学习。团队合作恰恰给儿童个性提供了充分的发展机会。

“之后，孩子们要求我把他们的作品念出来。我念得很大声。我让他们找出遗漏的拼写错误。我们一起来找，然后一起来改正。有时候，实际上差不多总会这样，这就演变成名副其实的语法课了。我们一旦发现了错误，孩子们就自己去改正它。我只在孩子们实在没法改正的情况下，才会解释给他们听。

“这些作品订正完成以后，孩子们就把它们抄在一个专用的本子上。我们叫作‘观察记录本’。在这个本子上，他们还会画一画这些动物或者植物，也会把专门研究过的那些部位画出来。

“这些事情全部完成以后，我们就准备一张卡片，对写在黑板上的那些描述做一个概括。

“逢着没法出门的雨天，孩子们就会跟着我去翻检学校的储藏室。在乡间学校的储藏室里，人们可以发现无可估量的财富。在我们的储藏室里，我们找到了大量落满尘埃的古旧图书。它们虽说不幸残破，可是中间有一些漂亮、有趣的插画。我们迅速把这些老古董搬回教室。小一点的孩子拿大剪刀把图片剪下来，大一点的孩子负责做整理。

“孩子们可以就着这些图片来发表演讲。他们从信封里选出自己喜爱的一张或者一组图片，然后在自己的本子上写一写这些图片，最后把自己写的东西念给同学们听。这些演说很有趣。有的孩子完全不参考自己的笔记，另外一些孩子则很镇定，不受任何提问的干扰。总体来说，所有的孩子都很喜欢这样的练习。

“有关这类练习的想法，是我从费里埃尔（Ferriere）博士和德可乐利博士的文章里得来的，他们在自己的‘新学校’使用了类似的程序。

“历史也用类似的办法来教，但是我们还额外用到了手工。孩子们会扮上正在研究的那个历史时期的服装，他们也会用沙子来建造不同时期的房屋模型。关于历史学习，我想特别强调的是孩子们的历史剧。

“我想说一说孩子们怎么设计和表演某个历史场景的，这最能表达我的想法。”

瓦蒂耶女士接下来详细介绍了一次有趣的编剧活动。在这之后，她说同样的流程也可以用于地理、自然科学和历史，介绍了在各种情况下如何通过这些兴趣中心学习正式的科目。她以下面的话来结束自己的报告：

“不用说，对于这样的革新，家长自然是喜闻乐见的。在冬季夜晚的家长会上，他们给了我们很多帮助。这种兴趣已经带来了实际的好处，我们得到了一些资助来创办自己的杂志。现在，所有这一切，让我们的学校成了一个小小的乐园，孩子们在其中以愉快、有益的方式度过自己的童年。所有这一切共同为孩子们创造了库西内所说的那种环境，孩子们从中可以找到教育所需的一切，这让他们可以自己教育自己。因为孩子们在自己教育自己，所以我很少对他们的学校生活做什么干预。这完全要归功于刚刚草草介绍过的库西内先生的程序与方法。我们几乎不用干预。孩子们的个性和能力在没有外来帮助的环境里自由发展。得感谢集中学习，孩子们从中学会了相互帮助、相互纠正。这比任何道德课程或者纪律、秩序、禁令系统都要更有收获。正是基于这个理由，我毫不迟疑地相信，在这个系统当中儿童的确在自己教育自己。我除了旁观他们的生活，就几乎什么也不需要做了。”

库西内出版了一份叫作《知更鸟》（*The Bluebird*）的小期刊，刊登的是一些孩子们自己的作文和插画。刊物在那些对库西内的工作感兴趣的学校以及那些欣赏其教育理想的欧洲教育者中间流传着。

与德可乐利相比，库西内给了孩子们更大的自由，但没有完善的组织或体系。例如，库西内的孩子们可以自己选择作业，而德可乐利的科目则通常是由教师选定的。这就让库西内的学校显得更加杂乱无序，更大的自由既有优点，也承受风险。

库西内把自己的工作归纳为以下三项一般原则。

（一）允许儿童自愿分组，允许儿童根据成员意见做出修正。永远不要用直接干预的方式让一个儿童进入或离开某个小组，或者让一个小组接受或拒绝某个合作者。

（二）在进行分组学习时，教师切记不要干预，而要让孩子们完全独立地开展学习。如果某个小组成员看起来没有做事，那么其他做事的人会把他排挤出去。如果小组由于他的恶意或者不合群（太好或者太差）受到了干扰，他会自己退出以加入别的小组。

（三）订正工作。孩子们自由地学习，但是必须养成一种订正的习惯。在孩子们完成学习以后，（也只是在这个时候）教师应该去关注他们的学业，指出其中可能存在的语法错误。对于这些错误的订正，会形成一节语法课。

他随即又补充了一些在科学、地理、历史和数学学习方面要遵循的一些确定的规则。

库西内在分组活动中的劳动分工，允许每个孩子做自己最擅长的事，这是确保信心的一个最重要的举措。小组当中最擅长写作的人，负责写作；最擅长拼写的人，负责订正拼写，如此等等。在这样的社会活动当中，每个孩子都能够认识到自己的弱点，同时也有能力发挥自己的强项。

库西内的实验，明显就是美国的所谓“设计教学法”。在几乎所有的进步学校，人们都可以找到设计教学法的影子。但是，在我们访问过的欧洲学校当中，还没有哪一所会像库西内制一样，把源自儿童兴趣的这些项目，当作教学的唯一手段（捷克斯洛伐克的巴库莱学校或许是个例外，那是一所相当特殊的学校）。在分组学习期间，教师严格“放手”的规定，让人想起了蒙台梭利。而通过劳动分工的方式来完成学校学习，似乎完全是库西内自己的创见。

面对德可乐利法与库西内法之间的分歧，采取折中的立场或许是一个办法：在选择教学内容和教学方法时，努力保持比德可乐利法更大的弹性，同时又完全不忽视一个更成熟的心智可能给予的指导。要知道，他的这些工作都是在有常规考试的前提下完成的。这些考试与美国的考试要求相比同样严苛。也正是这个前提，让库西内的实验成果变得更加引人瞩目。为了体会这种比较的重要性，可以设想在纽约州有一群学生，他们一方面按着库西内法学习，另一方面又要为了升学通过各个学科的官方考试。值得注意的是，按照瓦蒂耶女士描述的方式，这些要求的确可以达成，而且可以做得很成功。这足以让任何因循传统教学方法的人，都停下来想一想。如果库西内能够确保学生在既定的学科上打好必要的基础（这曾经是要通过更正式的系统训练来达成的），与此同时又能比正规系统更好地发展主动性、自立意识、责任感、独立性、自信心、合作意识，那么库西内的结果显然是要更好一些的。

科林（Colling）在美国的实验，尽管在一些细节上不尽相同，但是也证实了库西内的发现。该实验同样表明，在掌握学科内容方面，非正式的小组活动和正式授课的效果可以一样好，同时还能提供自由和责任感以及和衷共济方面的训练。

不论库西内的“做中学”方法可能有什么短板，它都可以被纳入更大范围的一场运动当中去。这场运动要研究儿童兴趣，让学校学习变得更积极而不是消极，让每个人沿着自己的路线发展，同时又保持社会性，给儿童更大的自由。

九、格拉里榭学校[①]

在瑞士日内瓦，我们参观了办在阿道夫·费里埃尔（Adolphe Ferriere）博士家中的那个小小的快乐教学班——现在，这个班已经发展成“国际学校”了。随后，在参观了附近的“小不点学校”（L'Ecole des Petites）以及“卢梭学院”（Jean Jacques Rousseau Institute）饶有兴味的科学工作之后，我们就出发前往格拉里榭（Glarisegg）了。

格拉里榭是一所男子寄宿制学校，招收九到十八岁的学生。它的灵感来自塞西尔·雷迪（Cecil Reddie）在阿博茨霍尔姆学校的工作、巴德利的彼得莱斯学校以及利茨（Hermann Lietz）在德国的乡村教育之家（Landerzeihungsheime）。

欧洲的新学校运动开始于1889年。从那时候起，人们意识到教育方法必须做出改变，以满足新的（社会）需求和状况。于是，一些“新学校”开始在各地建立起来。彼得莱斯学校建立于1892年，罗歇斯学校稍晚一点，而格拉里榭几乎是在同一时期建立的。它们的理想都是要提供平衡的训练，而不仅仅是学术型学习。

在美国，这场运动现在才刚刚开始，并且即将开花结果，比欧洲晚了将近30年。它的诞生是由于意识到了仅仅灌输信息的常规学习还不足够，这就要求以更充分的发展来满足新时代提出的更高需求和更大责任。

---

① 译者注：本章的原标题为“瑞士的‘新学校’——格拉里榭”。

我们在最近的一个瑞士村庄施泰克博恩（Steckbörn）问别人，格拉里榭算不算一个村子，人们说："不，那地方什么也不算。"事实差不多，这里只有一家小酒店、几幢房子以及一所学校。在这所学校，我们遇到了卡尔顿·帕克（Carlton Parker）太太（她因为《美国牧歌》（*American Idyl*）而闻名全美）的两个儿子、波士顿的朱布林（Zueblin）教授的儿子，以及已故的芝加哥医生贝克（Beck）博士的儿子。帕克的儿子们曾经就读纽约的霍勒斯·曼恩学校（Horace Mann School），贝克博士的儿子曾经读过芝加哥的弗朗西斯·帕克学校（Francis Parker School）。从这些男孩身上，我们得到了一些有趣的角度，来比较我们美国的两所实验学校与这所典型的欧洲实验学校。我问帕克的儿子们，如果可以在霍勒斯·曼恩学校和格拉里榭之间选择的话，他们更乐意上哪一所学校。他们对这个问题感到很困惑。总的来说，他们觉得在田径运动方面更倾向于霍勒斯·曼恩学校，因为那是一所更大的学校，因此也有更多的选择。他们喜欢格拉里榭的寄宿制学校的特点以及家庭式的生活，而且他们相当喜爱格拉里榭的法语教学。（格拉里榭位于瑞士的德语区，日常都使用德语。）来自弗朗西斯·帕克学校的男孩子们，怀念芝加哥学校的晨练和集会，但是整体上来看在格拉里榭也一样快乐。

可事实上，这些孩子们所做的比较，以及我们在罗歇斯学校和别的一两所招收美国孩子的学校看到的东西，与其说是在对学校做比较，毋宁说是显示了孩子们对于几乎任何类型学校的适应能力，而且他们总是会对目前的学校保持忠诚。人们很难意识到，一个十二到十四岁的男孩子，对于自己的教育过程的理解到底有多么浅薄。即使是聪慧的孩子，情况也同样如此。他们晓得自己高兴不高兴，知道目前的学校缺了什么他喜爱的东西，以及他在这里找到了什么别的乐子。但是，对于不同学校在教育哲学上的强烈反差，他们是完全无知无识的，而这才正是指导学校生活的根本。

格拉里榭坐落在风景秀丽的小山上，俯瞰着康斯坦茨湖的湖湾。与大多数欧洲寄宿制学校不同，格拉里榭没有军营式的宿舍。两个男孩一间屋，至多四人一间，房间由着学生自己的喜好来装饰。

格拉里榭的男孩子们可以自己选择由谁来当那个照管自己的导师。每一位导师同时就是那群选择了他的男孩子们的指导员、顾问以及舍监。这是一项关键创新，在格拉里榭这样的小规模学校（有大约 75 名学生）运行得很好。在类似罗歇斯学校这样的有 350 名学生的学校，能不能避免学生扎堆去选某个受欢迎的导师，而又都回避某个不受欢迎的导师，这仍旧存在疑问。但是，像格拉里榭这样能够采用这个办法的学校，结果是很理想的。

格拉里榭以宿舍分组的形式组织学校，每一组都有自己的导师或者舍监，男孩们和导师之间的关系，就像是学徒制当中的状况那样，导师成了一个个小小的兄弟会当中的年长顾问。如果导师本人性格坚毅，孩子们就可以通过这种近距离的接触获得巨大的帮助。很幸运，有一批能赢得学生爱戴与尊重的教师。这既是出于孩子们对待导师的态度，也是因为他们对导师的领导有着某种自觉的认同。

格拉里榭的组织方式（把学生分成小组）和童子军运动的组织方式（把学生分为各有领队的小队）可以形成一组有趣的比较。童子军运动在美国取得的巨大成功（在英国等地也有了相当可观的成绩），可能归功于某种领导力——男孩子们自觉自愿地效忠于某位长者的指导和教诲，而这位长者恰是因为适合于这项工作才被专门选拔出来的。如果教师能通过分组或者别的什么办法让学生自愿地效忠和合作，那么他是足以感到庆幸的。这种教师的影响力，比那些仅仅靠着官方授权去维持纪律、确保学生专心、灌输一大堆知识的教师要强太多了。

和罗歇斯学校一样，格拉里榭的上午完全用来安排学术型学习，下午则用来安排手工以及户外工作。但是，这所学校在日程上有相当大的弹性。要是哪天下了大雪，适合搞冬季运动，那么全校学生都会丢开课本，一整天都用来滑雪、溜冰。

尽管与那些更保守的学校相比，这里的教师提供了更多的讨论自由，鼓励学生搞更多的活动（甚至比罗歇斯学校还要多），但是他们在学术型学科的教学方法方面并没有太大的创新。尽管如此，在这里看到的一节课，还是让我们觉得很欣喜。

这是一节法文课，由一位年近七旬、长着花白胡子的老者来执教。他像是孩子们的爷爷一样，坐在前面的一把椅子上，挨个儿叫男孩子们到他那儿去。孩子们过来以后，教师就用手搂着他，把他拉到自己身边，然后当着全班人的面来教这个孩子。他会和这个孩子说法语，要是孩子出了错他就会做出诧异的表情。教师也会一边和其余的学生们说说笑笑，这让整个班级都始终能开开心心地围绕在他周围。教师想要学生坚持用正确的方式说话，这种热切映射到学生身上就表现为强烈的学习欲望。如果哪个男孩子犯了个低级错误，这位老绅士就会假装找一找这孩子头上有没有长耳朵——这是在告诉这个男孩子，他是不是变成了什么动物了呀。这全部都是用一种友善、诙谐方式来完成的，没有谁觉得自己受到了冒犯。

他用的是直接的办法来教法语，完全靠对话来进行。结果很理想，但主要得归功于他的个性，而不是他应用的方法，无论这种方法看起来有多好。

全校师生的精神面貌都很好。例如，有数学教师把自己的卧室改造成男孩子们的俱乐部。男孩子们在木工场里给这间俱乐部造灯，他们家里的姊妹们就帮着做灯罩和挂绳。教师找了一间差得多的房间作为自己睡觉的地方，好让男孩子们有更好的地方来办俱乐部。

格拉里榭的学生自治，比我们发现的任何学校都更为彻底。大多数欧洲学校所谓的自治，指的是通过完善导师的安排来进行的那种治理方式。在格拉里榭，有学生自己制定的宪法，以及每年三四次的全校大会——在会上，师生平等发声，学校的所有重要举措和政策，都可以做自由、民主的讨论。最终决策，由全体大会表决产生。在整个过程中，教师的意见并不比学生的更重要。

舍监的影响和个性，确保了学生的自由能够得到恰当的运用。这使得分组组织的方式在学生自治方面变得极为有效。与之相比，美国学校的学生自治往往徒有其名。当然，转念一想就能知道，没有学生曾经享受过完全的自治。美国人遇到的困难在于，在尝试学生自治的地方，学生并未拥有本应具备的那种完完全全的自由和责任。人们不允许他们犯错并承担后果。格拉里榭的思路是清楚明白的：在必要的时候，有的事情的确要由教师来主导，但其余的事情就都可以交给学生做决定了。这样，学生们就可以在自己掌控的范围内，完全免除教师的干扰。格拉里榭通过这种方式，实现了真正的学生自治。

与美国的进步学校相比，欧洲进步学校的最大区别在于有大量杰出的教师。格拉里榭的那位法语教师和那个办男孩俱乐部的数学教师，他们的影响对孩子们来说是举足轻重的。这类学校要是能在男性教师以外招收一些我们优秀的美国式年轻女教师，那我相信是会很有帮助的。当然，我更加确信的是，要是男女教师的比例更为均衡，尤其是多一些像格拉里榭那样的男教师，那对美国教育一定会大有裨益。

十、汉堡学校①

没有预定的课程方案、没有必须要上的课、没有年级、没有考试、没有规章、没有惩罚，一切工作都围绕每个儿童内在心灵的发展，这就是汉堡的公立实验学校。

在结束第一天的访问之后，5名汉堡教师（其中两人是他们的学校领导）和我们坐在一起。“从头说起吧，”我们对他们说，“假设我们没有开昨晚那次会，假设我们对今天参观的学校毫不知情。”

“根本没有什么开头不开头，也可以说随处都是新起点。”格拉泽先生回答道。“无论从哪里开始，我们总会回到根本问题上来。这所学校就是这样的。我们不必从什么特别的地方开始，或者遵守任何特定的教学顺序。我们总是会回到根本问题。这是为什么我们会由着小孩子们的心意，让他们可以和大孩子们待在一起的原因。而且，我们允许孩子们自己选择老师，然后再去跟着老师学习。”

“但是，”我们追问道，“你们心目中难道没有该上的课吗？没有一张孩子们应该了解哪些东西的清单吗？就是那些成年人生活中会用到的东西。你们会不会时不时地看一看孩子们学到了什么，然后激励他们对那些没有接触过而有价值的话题发生兴趣？”

“不！”格拉泽的语气非常坚决。“我们脑子里不需要这样的清单。这正是传统学校做的事，也是我们想要摆脱的东西。我们不知道他们以后在生活中要用到什么。我们对于他们的未来和德国的未

① 译者注：本章原标题为“敢于给儿童完全自由的学校——汉堡”。

来，什么都不了解。我们不知道他们将要迎来怎样的一个社会。那会是社会主义的还是资本主义的？我们全不知道。我们知道的只有一点，这些孩子们有一个有待发展的鲜活心灵，我们要给他们各种可能的机会，让他们充分展现自己内在的东西。”

“可是，”我们争辩道，“在判断该教他们什么东西时，还是有可能找到一些最常用到的东西的。比如，你知道每个孩子都需要懂一点阅读，懂一点算术，他要能拼写一些常见的单词，他还要有一些基本的历史和地理知识。你可以通过对周边生活的调查统计，来判断这些基本的要素是什么，免得儿童在知识方面出现什么纰漏。”

“一个孩子和我们共同生活了八年，每天都可以自由发问，可以谈论生活中让他感兴趣的那些问题。你真的相信，还有什么重要的东西会被遗漏吗？你真的觉得，这样的孩子会对巴黎或者美国一无所知？要知道每天都有船只进出汉堡，我们会带着他们一起去看这些船装卸货物。你能不能举出哪怕一个这方面的例子，非常重要可是又在这种为期八年的生活当中被完全忽略了？”

看着这群聪明的、满怀理想的面孔，想着我们在学校里遇到的各位教师，我们必须承认，连续八年和这样的人生活在一起，是不会教不出一个好孩子的。但是，我们还是不满足。“有些东西永远不会在日常对话中出现。那些儿童不大会感兴趣，而在今后的生活中又的确需要的东西，还是有可能存在的。比如说，有关于金融方面的知识。如果在学校期间、靠着你们的帮助，能给他们提供这方面的知识，是不是可以让他们以后的生活变得更加轻松呢？”

“我要用一个悖论来回答您，”其中一位男教师回答道，“为了让事情更容易，我们常常会把它弄得更困难。”他的观点很明确。把一个成年人的需求从背景中抽离出来，然后让儿童提前接触和预备这类需求，这是让儿童以更困难的方式来获取知识。等他们长大成人以后，在迫切的实际需求面前，学起来就会容易得多。于是，我们开始提问另外的问题。

“你说会完全根据儿童自己的问题、他们自己表现出来的兴趣来开展教学，那么假设你刚好读到了一本书，你非常感兴趣或者读到了某些动人心魄的东西，你这时候也不允许自己跟孩子们谈一谈这样的事情吗?”

“当然，”他回答说，“和孩子们一样，我们也有自我表达的权利。但是，如果我们发现自己的兴趣不能点燃孩子们的兴奋点，我们就会闭上嘴巴。”

“可是，”我们接着追问，“你们为什么不设想出一个计划，去囊括值得孩子们了解和完成的所有那些东西呢？你们完全不必强迫儿童，甚至不必催促他们去学这些东西，但是你们还是可以时不时地在孩子们身上试一试，以此来激发他们对于这些未来有用的知识和能力的兴趣。你们为什么不这么做呢?”

“我们为什么要这样做?”这个回答似乎有点强词夺理。

“因为，如果那样的话，你们给他们提供的环境就是基于知识而不是基于运气。孩子们现在的提问，来自他们碰巧在家或者在街头看到的东西，或者他们碰巧听到的话。所有这些都是偶然的，受到孩子们的生活环境的限制。小孩子不会提问他完全一无所知的东西。例如，假设你觉得孩子们应该了解一些有关非洲的知识，而且你知道到目前为止还没有相关的问题被提出来。那么，你为什么不在墙上挂一些非洲的风景画或者风俗画，让它们作用于孩子们的想象力和好奇心，直到他们想要了解更多相关的东西呢？换句话说，你为什么不用有关儿童需求的科学知识，来替代儿童在狭隘的生活当中恰好碰到的那些偶然兴趣呢？用这种方式，你能把他们培养成世界公民，而不仅仅是汉堡公民。”

“我们的确是在把他们培养成世界公民。”其中一位男教师说。“不久以前，我带一组小男孩去了巴伐利亚，在往返旅行的途中我们看到了很多新鲜东西。我们扩展了自己的视野，远远超过了汉堡的范围。其实，即使是汉堡的航运本身，也已经给我们提供了接触外部世界的机会。”

“你们的一些学生未来一定会进高一级学校吧？你们这样的教育，可以帮助他们进这等学校吗？”我们中的一个人这样问道。

“不！”他们这样强调：“这不是细枝末节的学校改良，而是对学校的一种革命。高一级学校应该去主动适应我们培养的学生，而不是相反。现在已经出现了一种趋势，要去改造高一级学校来沿着我们设定的方向去培养学生。不过，我们的学生在离开学校以后，大多是直接去工作的。”

我们继续坚持道：“你们还没有回答我们的问题呢。为什么不更加科学地设计环境，而要借助偶然的运气呢？为什么不用你们了解的、孩子们将来会需要的那些东西来激发他们的兴趣，而要用日常生活中的偶然刺激？”

“我觉得，这就是美国和德国的区别所在。”他们回答。“在美国，你们觉得什么事情都是确定的。你们是在一个万世不易的国家，教育你们的儿童去保持现状。你们期待自己那种资本主义的、工业化的社会能够继续维系下去，因此你们想要为自己的儿童在这种静态社会秩序中高效生活提供科学的准备。德国的情况就不同了。我们已经走过了秩序稳定的阶段。我们对于未来会遇到什么，完全没有什么预见，因此我们必须学会做深入的观察。我们认识到，唯一必要的事情，是去解放每个人的个性，是每个人心灵的自然的开放与扩展。”

“昨晚我们说到过，在汉堡的这些学校里，有些东西是你们这样的美国访客无法理解的。你们争辩说，如果我们尝试说清楚，你们又能尝试去理解，那么某种相互理解总是有可能的。不，我刚刚说的东西，就是一个很好的例子。像你们这样的美国人，还没有感觉到由各种实际的紊乱提出来的需求。50 年以后，你们也许有可能理解我们今天为之奋斗的东西是什么。而现在，你们当中也许只有少数人，少数能够看到未来远景的人，有可能理解我们对于学校的定位。我们不把学校当作训练和教学的工具，而是把学校当作释放儿童的生命活力、让儿童心灵可以在自由当中发展完善的所在。”

第二天一早，我们再次走进了其中一所学校，去实地考察他们的理论。就我们见到的东西而言，有的地方好，有的地方不好。接下来，我们会简要报告自己在这所位于南蒂洛（Tieloh-Süd）的汉堡新学校里见到的班级活动。

我们来到一个初级班，学生是五六岁的孩子。这是这所学校唯一一个按年龄分的班级。在完成初级班以后，所有的孩子都可以自己选择老师和小组，而不用基于自己的年龄和学业进度。教室灰扑扑的，墙壁光秃秃的。屋子里的家具就是典型的欧式双人桌，只不过被排成了一圈，在中间留出一块空地。有的孩子坐在桌子上、窗台上，亲切地交谈着。另外一些孩子在中间空地上围成一圈，绕着一位来到学校的母亲跳着某种民间舞蹈。教师是一位男士，站在一角为他们的舞蹈拉着琴。

有个孩子嚷嚷着说，今天是他的生日。教师就问其他人，知不知道自己的生日是哪一天。然后，他把日历取出来，给孩子们看上面的日期。他又问，谁会数数。在孩子们数数的时候，他就把这些数字写在黑板上。他请孩子们也试着写一写同样的数字。有的孩子走到黑板前开始写，另外一些在自己的石板上写，还有些孩子不感兴趣。

教师随后念了一首恰巧在日历背后发现的小诗。孩子们一开始觉得教师在逗他们玩，他们不觉得日历后面会有那种东西。他们回头看看我们，想要得到答案。在确信了那些小小的标记的确就是一首诗以后，有些孩子就来兴致了。教师于是乘着这种兴致，告诉孩子们那些字母的发音以及字母的写法。

当有的孩子在聆听并尝试教师建议他们做的事情时，另外一些孩子还坐在那儿想入非非或者与旁人闲聊。在这期间，有个小男孩一直在驾着自己的小红马车绕着教室转圈，他绕了一圈又一圈。

我们来到另一间教室。这里的孩子大一些，年龄在十到十四岁之间。教师还没有到——他的太太病了，他要迟到一会儿。孩子们聚集到教室的一侧，一起讨论自己该做什么。他们今晚似乎有一个家长会活动。所以，他们决定要处理一下节目单的事。一个男孩从一本讲刚果奴隶贸易的书上找了一段。其他人让他大声念出来，好去判断是不是适合。他站出来，声情并茂地念出那段话。他的同学们在边上恭恭敬敬地听着，态度很认真。

在念完以后，他们又好好地讨论了一番。有几个孩子已经写好了晚上要宣读的文章，在其中他们急切地想要说黑人也是人。这与刚刚读过的那段文字中人们对待黑人的方式，形成了鲜明的对比。教师是在讨论期间进来的，坐在了孩子们中间。孩子们除了礼貌地点头致意之外，没有别的什么特别的表示。这与德国的常见状况不同——在德国，当教师进教室的时候，孩子们要一齐起身立正，直到教师坐下为止。

讨论很热烈。观点上的巨大分歧出现了，孩子们高声争论着。他们各执一词，场面之混乱，和美国的立法机构有得一比。

过了一会儿，在这种喧哗声当中，出现了一个低沉的嗓音。留心听就知道，这是教师在说话。教师并不直接命令孩子们安静下来，所以有很多孩子并没有注意到他。可是，那些挨得近的孩子，开始停下来听他讲话了。渐渐地，这就影响到了其他孩子，最终所有的孩子都开始听他说话。

“你们就想这样解决问题吗?”教师问道。“你们是想争个高下，还是想把节目单确定下来？你们是想一起行动，还是只想辩赢对方？约翰，你觉得格蕾琴会满意你叫她笨蛋吗？”

“可她就是笨蛋。”约翰回嘴。

“我不是，你才是！”格蕾琴也开始了。

“要是你俩觉得这样吵下去就能有答案，那你俩恐怕都是笨蛋。”教师气定神闲地说道。“照你们现在这样的进度，到了晚上爸爸妈妈们过来时，你们怕都还在争吵。要是你们真想定出一个节目单，你们就必须合作，不要只想着反驳对方。你们得听一听对方的想法，想一想怎么把你的不同观点整合进去。你们必须学会让步。”

由于他的这种相当友善的态度、平静的口吻以及言谈中的合理性，孩子们很快就恢复秩序了。讨论开始变得更具建设性、更加合作。孩子们开始着手制订自己的计划了。

在另一间教室，孩子们在写写画画。在写东西的人，是写在小册子上。他们想要把这些东西送给一所瑞士学校的孩子们。那所学校的教育理想和汉堡学校是一致的。孩子们在写故事和书信，还用水彩来装饰自己的作品。只不过，无论是写的东西还是画的东西，都显得很幼稚，一副完全没有受过训练的样子。

在画画的孩子当中，有三个男孩子想要画一艘帆船迎风驶来的样子。教师注意到他们遇到了困难，他们不知道怎么用恰当的角度来表现这一点，于是就过来做了一个纸模型。他和这些男孩一道，用模型来检验他们画船的角度是不是对。到孩子们第三次尝试的时候，状况果然好多了。

教师把我引到一边跟我说，就在不久前班上有两个男孩子请求他同意到校外待一天。他问为什么。他们回答说，想要研究蒸汽船的引擎。他同意了。隔天，他们又要求在外面待一天。他们告诉他，他们中的某个人认识一位火车发动机机师。他又同意了。第三天，男孩子们又要求到船坞去看行船。几天之后，他们说已经和渔船船长交上朋友了，问能不能跟着这个人到岛上去。后来，这些男孩子们给自己那些好奇的同学们原原本本地介绍了自己的经历。

我们接着又进了另一间教室。教师正在面向全班大声朗读。前排的孩子们在用心听着，后排的孩子则在小声交谈。可是不一会儿，他们说话的声音就变得越来越大了。教师提高了自己的嗓门，想要盖过这些噪声。前排的孩子们因为干扰而生气了，于是转过头去大声地说："嘘！"

过了几分钟，有件事引起了一些正在听朗读的孩子们的注意。这发生在我们旁边，在教室和走廊之间的墙根上，两三个孩子在那里嗤嗤地笑着。我们往下一瞅，原来有几根小树枝正通过教室和走廊两边都有开口的一个垃圾桶被捅了进来。我们猜想，可能就是刚才进班时看到的那两个在走廊上游荡的孩子吧。他们一边摇着树枝、一边咯咯地笑着，结果谁也听不清教师在念什么了。最后，两个小女孩再也受不了了。她们一言不发地离开自己的座位，气鼓鼓地走了出去。我们只听到一阵噼噼啪啪打斗的声音。两三分钟以后，这俩小女孩儿回来了。她们身上显得皱皱巴巴的，可是她们的眼睛里闪耀着胜利的光芒。她们回到自己的座位，继续听下去，教师还在念书，仿佛一点儿也没有被打扰到的样子。

我们问校长亨宁森（Henningsen）先生，为什么有的教师好像有一些确定的东西要教会孩子们，有时候甚至会要求孩子们守秩序。校长回答说："我们给孩子们自由，教师同样也有自由。我们是不同的个体，我们的工作细节当然会不同。我们有的教师不允许别人进他的教室。因为，他们不相信教师和教师、学校和学校之间有什么交流的必要。他们认为，每位教师的方法都应该是自己的，就像每个儿童的学习都应该由儿童自己完成一样。我们的另外一些教师，总是欢迎像你们这样的人，来研究他们正在做的事。这样你就会明白，尽管汉堡的 4 所正在进行实验的学校有共同的理想，但是在具体方式上学校与学校、班级与班级之间各不相同。我们没有什么固定的办法。每一种办法都是为了解放儿童的生活，同时也允许儿童自发、自然地成长。

这让我们想起了前一晚的某位先生对于“宣传”一事的说法。“我们不打算传播这些想法。我们不说、不写。那些真心准备好接纳我们的人，会看到我们在做的事，或许也会报道一下我们，甚至回去把我们的理想付诸实践。可是，某个观念一旦转变为理论，也就不再鲜活了。我们不想因为体系化的方法或者大一统的理论，来让我们的想法僵化、变得死气沉沉。我们的学校并不是一个定型了的系统，它是一套持续成长的、鲜活的、变动着的理念。”

在一个受过美式训练的教师看来，汉堡实验差不多恰好表现了学校自由的荒谬的那一面。对于我们当中那些相信组织、相信效能的人来说，难免会认为汉堡学校过于极端，把全套的规则、传统、智慧和经验与各种繁文缛节、无用的负担一并废除了。他们会认为，汉堡的教育家们固然勇气可嘉，但是不能把自己的教育哲学，与对自身工作的系统整理和对孩子们的指导结合起来。

尽管如此，汉堡实验仍旧是鼓舞人心的。任何开明的教育家，都可以从对汉堡实验的反思中获益，即使整体上不赞同汉堡学校的做法，他的所见所闻也会促使他反对很多在自家学校里看到的东西。可是，类似汉堡学校这类激进的实验，在影响他人方面并不会克尽全功——其他人可能会受到汉堡的鼓舞，但是未必要沿着汉堡路线走，而是会采用某些足以改善现有条件的方式。

汉堡学校的思想目前正在传播。在德国各地，基于同样的基本思想，已经筹备建立了好几所类似的学校。柏林督学保尔森告诉我们，他想根据汉堡的哲学在柏林建立 12 所这样的学校。在汉堡实验开始的时候，保尔森正在汉堡担任督学。随后，当社会党人开始控制柏林教育委员会以后，他们邀请保尔森担任柏林学校的督学。在社会党人失势以后，保尔森继续留在柏林，只是柏林教育委员会变得更为保守了。很明显，他面前的道路并不平坦，但是他仍旧保持乐观、保持理想。“如果我们能在这座大城市开办 12 所学校，”他在说这话的时候，眼睛里放射着热切的光芒，“其他地方就能看到，在学校里给孩子们自由是行得通的。”到目前为止，他还没有实现自己的理想。但是，他迟早会在柏林或者别的什么地方去推动他的新想法的。

在德国汉堡发生的这场大胆的实验，到底有什么意义呢？在保守分子看来，这只不过是钟摆的又一次摆动，目的是远离专制的普鲁士系统。在他们眼中，这只不过是前进道路上的若干次摇摆中的一次。但是，对于另外一些人来说，这是历史上首次真正意义上的教育革命，是精神觉醒的开端。

在学业方面，这里的学生可能比不过那些更正统的学校。在承认这一点时，这里的教师一点儿也不会觉得不好意思。如果要让儿童去适应标准化考试，那么教师就势必要受钳制。

另一方面，除了本书最后两章将要介绍的克伦斯科孤儿院以及布拉格的巴库莱学校以外，以我们的目力所及，还没有哪所学校的孩子会比这里的孩子更加质朴、大方、可爱、自信。所有这些学校都给了孩子们巨大的自由。而无论在哪里，自由都会带来独立自信、落落大方。

就其目前的形态而言，汉堡的理念当然不太可能被普遍采纳。但是，汉堡思想本身，就是某种世界性运动的一个体现。自由之风，已经吹遍了世界各地。我们可以在蒙台梭利对整个欧洲的影响中发现它，可以在约翰·杜威对美国的影响中发现它。道尔顿制已经传播到了东欧，从中我们也可以发现自由的影响。我们可以从伦敦的杰西·麦金德承认并认识个体差异的尝试中发现它，可以从几位美国人努力让学校适应儿童个体的不同需求上发现它。我们可以从捷克的孤儿院和残疾儿童学校中清晰地感受到它。同样，我们也可以从库西内在法国的工作中发现它。英国基尔斯利地区的奥尼尔的工作，甚至还要更加明显。但是，唯独在汉堡，人们才可以感受到自由的全部力量。

汉堡实验最让人吃惊的地方，或许在于完全抛弃了传统教育方法认为必需的那些东西，但是又取得了几乎同样好的成果，在某些方面甚至还要优于旧体系。汉堡实验提供了一个活生生的实例，告诉我们可以完全废除已有的教育系统，在一夜之间创造出某种等量齐观的东西出来。除了需要房子和有教养的、充满理想的教师，我们完全不需要预先规划、不需要筹备、不需要任何别的东西。这是汉堡实验更让人难以置信的又一个方面。

在教育界即将迎来曙光的新时代，更大的自由将成为给每个儿童带来充分发展的力量之一。

十一、克伦斯科孤儿院[①]

在捷克斯洛伐克，我们发现了两所学校，它们成功地以一种鼓舞人心的方式，把生活和教育结合了起来。要知道，正是由于无法弥合正式教育和生活本身，才严重阻碍了美国学校的发展。对于那些已经意识到这一点的美国人来说，从捷克斯洛伐克的这些实验中可以学到很多。通过强烈的对比，这些教育实验告诉我们美国学校缺少什么，并且暗示我们可以通过什么方式加以改善。

要记得，今日美国的大部分学校，还不能把生活和学校妥当结合。这些美国学校在很大程度上仍旧保留了正式的课程、整体上的齐步走，以及令人心碎的留级——这是在强迫孩子们一再重复上一年那些让人厌倦的学业和失败。看来，这些学校无法在孩子们身上培养出快乐、自信、负责任以及别的那些应对新情况时必需的能力。

再来看这些捷克斯洛伐克的实验，我们会发现在很大程度上，它们是在我们的学校已经失败的地方取得了成功。最终，我们要注意它们在方法上与我们有什么不同。

不幸的是，其中一所让我们印象深刻的学校，目前已经不复存在了。它取得的骄人成就只能保持短暂的光芒，表明一所方向正确的学校可以做到何种地步。这就是位于克伦斯科（Krnsko）的军团孤儿院。孤儿院还在维持着，但办学资金的中断，意味着学校被

---

① 译者注：本章原标题为“捷克斯洛伐克的孤儿天堂”。

废弃了。那些曾经享受过学校福利的孩子们，现在被转到附近村子的学校里去了。多么可惜啊！一个如此耀眼夺目的尝试，取得了影响深远的成就，却不能继续进行下去。

从布拉格坐两三个小时的火车，就到了克伦斯科。再从铁路行经的山谷乘坐敞篷马车，15分钟以后就到了我们的目的地。这里过去曾是一座城堡，现在则是一个现代化的庄园。改造这庄园的建筑师简直就是个艺术家，他懂得如何去让每个房间变漂亮，而又完全用不着绘画或者别的装饰品。这里有的只是一些线条和形状，以及各种曼妙调和的色彩。庄园的建筑环绕着中庭，其间有一些拱形的回廊相连，在中庭处安放着一尊小孩子的雕像。

然而，对于那些有幸来访的客人们来说，最初的印象可不是这些建筑和外部环境。最初打动人心的，是60个热情洋溢、面色红润、衣着得体的小孩子。他们在不同的房间自由走动，问候那些不会说本地话的客人们。

我们走进一间阅读室，发现一群小孩子正四散坐着，在读一些带插图的神话故事或者教科书。他们安安静静地交谈或者玩游戏，无人监管、自由自在。我从一个孩子的背后望过去，打算看一看他书中的插图。这时，一个小女孩牵起了我的手。她发现我的手因为刚刚驾车的缘故很冰，于是就用自己温暖的小手帮我摩挲着，又把我的冰手印在她柔软的面颊上。后来，无论我们当中有谁要去哪里，都会有一个面带着笑意的随从，他们都是些对人热情的小伙子、小姑娘。

学校是由捷克军团建立的，用来服务于阵亡军人的遗孤。在组建学校期间，他们在整个捷克斯洛伐克物色最合适的人选，希望找到一个最先进的教育思想家来领导这所学校。他们最终发现了这样的人选，由克尔赫（Krch）博士任院长，什瓦尔茨（Svarc）先生是他的同事。这两人都有丰富的学校工作经验，即使在此前那种僵化的奥地利学校模式当中，也可以在自家学校做出一些开明的事情来。两个人都还年轻，三十来岁，同时又带着一种务实的理想主义以及随处表现出来的对孩子们的爱。对于这样的人，谁都乐意把自家孩子托付给他们。他们一道开办了这所学校。今天，什瓦尔茨先生还在管理这所孤儿院。可是，因为学校停办，克尔赫博士已经离开了。

尽管能享受相当程度的自由，克伦斯科同时也包含大量的常规工作，大量确定的计划、一系列教师规划好的目标。孩子们依军号起床、穿衣。他们每天要做练习，有一些有待达成的学业目标。但是，他们的教师允许日常生活以外的插曲，允许孩子们按照自己的心愿装点每天学习的内容。在这方面，教师们做得相当成功，并由此使他们的教学获得了弹性，从而让这班小学生每天都能成长、进步，和整天都在学习的效果一样好。

在我们坐下来喝一杯热可可的时候，一个头发蓬乱的三岁小孩子跑了过来。他叽叽喳喳地说了点什么，完全不在意我们能否听懂他那混杂着俄语和捷克语的话。

我们问："学校怎么会有这样小的孩子，看起来比别的孩子要小得多?"

"这里边有一个有趣的故事。两年前，布拉格的捷克军团司令在自家门口发现了一个婴儿，是一位穷困潦倒的俄国母亲遗弃的。他不知道该拿这个孩子怎么办，于是就给这所孤儿院学校打了电话。他问克尔赫院长，要不要把这个孩子领到孤儿院里来。校内大多数人都不太乐意，因为这边没有照顾婴儿的条件。克尔赫不这样想，他觉得这是一个机会，就高高兴兴地接受了这个孩子。

"他走到孩子们中间去，告诉他们有关这个婴儿的事情。他问孩子们，要不要当这个婴儿的小妈妈、小爸爸。孩子们兴高采烈地同意了。然后，又有两个小女孩走上前来说：'克尔赫先生，我们想当这个宝宝的特别妈妈。这里有这么多孩子，我觉得这个宝宝需要那么一两个人，能够确保他总是得到照看。他可以当我们的宝宝吗？'

“克尔赫总是能迅速抓住任何机会，来发展孩子们的责任感和主动性，于是当场就答应了她们。这两个小女孩，至今都还是那个婴儿的特别妈妈。

“她们俩也是提出儿童村这个想法的人，而最初的动议就是想给她们的宝宝造一间玩具屋。下午你们会看得到。造房子用的木料，用的是美国红十字会寄衣服来时用的箱子。不久以后，她们觉得自己终究会长大，而她们的宝宝却仍旧是个小孩子。她们知道，到了那一天，小小的玩具屋就满足不了宝宝和她们的需求了。于是，她们又对克尔赫院长说道：'克尔赫先生，我们想挣钱。我们想挣足够多的钱，好给我们的宝宝造一所真正的房子。这样，当我们长大了、不能再住在这里的时候，就还可以和我们的宝宝一道生活。我们想让他变成我们的小伙子，永远照顾他。你给那些洗盘子、擦窗户的女工付钱。要是你把那些钱给我们，我们也可以做那些工作。那样，我们就可以把钱攒起来，给我们的小伙子造房子了。'

“克尔赫又一次展现了他对于儿童的理解、他的勇气，以及想要抓住每一次机会去发展每个儿童最好的一面的意愿。他同意了这两个孩子的提议，辞退了那两个女工，安排这两个小女孩来处理那些工作。

“然而那天晚上，克尔赫把所有孩子集中到一起，跟他们说了这两个小女孩的打算。'你们所有人都同意，这是你们的孩子，你们会帮忙照看他。你们所有人都爱他、都善待他。你们知道这两个小女孩作为这个孩子的特别妈妈是怎么做的。现在她们提出要为整个孤儿院做工，去做打扫和洗碗碟的工作。她们想挣到足够多的钱，好去买一座房子把这个孩子抚养长大。如果她们承担了所有这些工作，她们就没办法再学习了。这孩子也是你们的。你们大家想要一起来做这些工作吗？那样的话，这两个女孩就有时间学习了。’

“孩子们欣然同意了。从此以后，所有的打扫工作和大部分洗碗碟的工作，就都由孩子们轮流完成。过去付给两个女工的工钱，现在通过这两个小女孩存进了银行。他们想要买一座房子，这样等自己长大了也可以和这个小男孩继续生活在一起。”

在讲这个故事给我们听的时候，小男孩爬到我腿上、依偎在我身上。他似乎相信整个世界都是他的朋友。

我们起身离开，在学校里走一走，通过那迷人的拱廊，进到了一个个像家一般的色彩柔和的房间。我们发现了一个工场和陶艺室，里面有很多漂亮的作品。后来，我们又了解到这些孩子是怎么被教育的，让他们可以用原创的、艺术的手段来表达自己。

什瓦尔茨先生看起来是一位水平不低的艺术家，同时是艺术及艺术发展方面的作家和演说家。他的教学方法对我们来说是新颖的。与我们在欧洲和美国看到的所有学校相比，他的成果都要更加突出。也许维也纳的齐泽克学校是个例外。可是，齐泽克学校是专门的艺术学校，招收的都是一些有特殊才能的儿童，而什瓦尔茨的成果是在未经选拔的孩子身上取得的。齐泽克和什瓦尔茨的方法存在许多共通的地方。

什瓦尔茨和奥尼尔这班人都相信，要给儿童提供一个美好的环境。他让学校本身的优美环境，发挥了作用。同时，他又收集了许多美丽的事物，来激发孩子们的原创性和创作冲动。

在我们访问的当天，他给孩子们看了一些捷克农妇做的漂亮头巾。那天在教室里、墙壁上，到处都挂着这些头巾。

他跟孩子们说：“假如你打算亲自动手做一条头巾，你想要什么样的？给我画一张你想要的那种头巾的图样吧。”

孩子们有铅笔、蜡笔、水彩以及纸张。教师完全不教他们该怎么画。如果他们把水彩和蜡笔混在一起用，他也不会数落他们。孩子们很自在，他甚至都不会过去看上一眼。如果有孩子拿自己的画来请教他的想法，他总会面带微笑，有可能的话就尽量夸奖一番。如果画得实在糟糕，他就会温和地建议这孩子再画一张。不过，他完全不会责备或者挑毛病。

等到全部画完，其中大概 20 张画被挂到了墙上。

“你们最喜欢哪一张?”什瓦尔茨问道。

孩子们自己讨论了这些画，挑选出自己喜爱的。然后，什瓦尔茨就问他们想不想再试一次。现在，这些孩子们对于自己想要什么已经更加清楚了，于是就继续画了起来。

“要是在选画时，他们的判断不合你的意，那该怎么办?”我们问道。

什瓦尔茨回答说：“那我也会听从他们的判断。我绝不会做什么干预。我不是要把他们训练成艺术家。我是要训练他们去表达自己。我想让他们爱好美，可是不想让他们去表达我以为的那种美。什么是美，必须是他们自己的想法。”

“他们从来不抄袭你给他们看的东西，或者别的孩子的画吗?”

“在我教书的这些年里，我只知道两个小孩子抄了别人的作品。”什瓦尔茨回答说。“抄袭的念头，往往是教师暗示的。那些被教坏的小孩子，才会总想着要抄袭。在教艺术时，大多数教师会灌输成人的想法。在大多数学校，孩子们画画是为了取悦别人，而不是为了表达自己。我竭尽一切可能，不把我的想法灌输给孩子们。有一天我给孩子们念了芭芭雅嘎（Baba Yaga）① 的故事。我问他

① 译者注：芭芭雅嘎是斯拉夫民间传说中的经典人物形象，通常被描述为林中巫婆。

们想不想画一画这个故事。在开始画的时候，有个小男孩跑过来问我：‘什瓦尔茨先生，芭芭雅嘎长什么样？是高是矮、是胖是瘦？他长络腮胡子吗？’

“我没有回答他，只是和他讨论了一番芭芭雅嘎的为人，比如他有什么性格。在我们讨论完芭芭雅嘎这个人以后，那个小男孩儿就回到自己的座位上，开始把自己关于芭芭雅嘎的想法画出来了。可是，整个过程我们都没有讨论过芭芭雅嘎长什么样。”

由于大孩子们的作品实在是好，这让我们忍不住问道：“你真的从未教过他们作画技法吗？”

“在孩子们自由自在地画了几年，对自己建立了完全的信心以后，我会和他们讨论他们的作品相对来说有哪些出色的地方，给他们看那些更成功的孩子所应用的技法。除了孩子们长大一些以后的这类少量指导，他们的艺术就应该纯粹是自我表现。我想给每个孩子提供成长的机会，因为他注定要成长，注定要去表现那个内在的自己。如果他们的作品是优美的，那也是因为这些孩子的心灵当中包含了美。”

不过，这所学校并不是一所艺术学校。孩子们在这里，是可以在各方面都得到发展的。以下是这所学校的一日生活。

孩子们一早就起床。他们掀开被子晾一晾，然后开始穿戴。大孩子会帮助小孩子。等所有人都穿戴整齐，才会打开窗户。有两个男孩子负责清洗白瓷砖的地板，另外一些男孩、女孩清洗洗脸盆，然后整理卧室和浴室，接下来是整理床铺。等所有事情收拾停当以后，克尔赫院长会来验收他们的工作。随后，军号声响起，孩子们在中庭集合，去做一些富有动感的体操，锻炼身体的每一个部分，直到每个孩子都满面通红为止。锻炼结束以后，孩子们去吃早餐。接着他们有两个小时的学习时间，半个小时用来喝热可可、吃面包和娱乐，接着又是另外两个小时的功课。早晨的功课是轻松随意的，这和进步学校当中那些最好的现代教学方法类似。孩子们的学习尽可能围绕他们的兴趣和活动。当然，这里也会有一些作业练习。但是，这些练习都是根据孩子们生活中的实际需求提出来的。

“我们自然而然就做到了，”克尔赫院长说，“因为这所学校就是孩子们的全部生活。我们充分了解每一个孩子。从起床到上床，我们完全知道他们有什么兴趣、在做什么。这样，我们自然就能够利用这些兴趣，来让教学变得具体而切实。”

自然而然！可是又有几所学校能做到那种具体、切实的教学，能够把教学与儿童生活紧密联系在一起呢？很少有美国学校能保持这种弹性。比如说，即使是在文纳特卡，我们也会有一些常规的学习材料，让学生在那些要求掌握的训练科目上做练习。对这些材料的应用，在很大程度被当成了一种常规。在克伦斯科，通过尽量引入儿童生活，实现了更大程度的变通和对于日常元素的密切应用。当然，学校规模也有影响。要是教室更大、班额更大，就会困难得多。同样，美国孩子们很少有那么多时间待在学校。结果，教师永远也不可能如此近距离地了解自己的学生，不能像孤儿院学校那样，去深切地理解和同情孩子们的兴趣和需求了。美国的一些更富有远见的教育家，比如克伯屈（William Heard Kilpatrick）也瞄准了这一点，看重这种把生活和教育交织在一起的能力。底特律的柯蒂斯一再强调，即使是在更大规模的学校系统，也要给孩子们提供一种密切联系生活的教育。尽管如此，这个目标的确难以实现。在纽约的城乡学校，有一项关于儿童兴趣的研究。他们的教学就是尽量与这些兴趣挂钩。即便如此，在他们的工作和克伦斯科已经做到的东西之间，仍旧有不小的差距。我们美国的学校，一而再、再而三地在这方面重复犯错。科学越来越多，自然越来越少；教学理论越来越多，自发性越来越少。在克伦斯科，通过近距离地观察儿童、更多地和他们生活在一起、更多地去爱他们，这些美国人的缺陷都被一一避免了。

美国学校应当也能够做更多这方面的努力。如果可以的话，这对于美国儿童的好处会是无可估量的。但是，怎么做到这一步，就很难看得明白了。当然，像克伦斯科这种案例的意义也就在这里。在某种程度上，我们可以看到孤儿院学校是怎么得到这种结果的。然后，我们可以基于各种限制，在更小的范围内，尝试自己去达到类似的结果。

很容易理解，条块分割的部门化的学校是不利于生活和教学的统一的。教师接触学生越少，他对学生的了解越少，这条鸿沟就越难以逾越。学生从生活来到教室，又从教室返回生活。教室如果不能点亮儿童的整个存在乃至成为其中的一部分，就只是其中一个孤零零的隔间，是某种近乎隔离的、缺乏联系的碎片。道尔顿制和普拉通学校（Platoon School)，也是在破坏而不是鼓励教师对每个儿童的兴趣和需求的了解。因为，他们都热衷于安排孩子们到不同的教师那里去。结果，这往往意味着更难以统一教学与生活，更难以把儿童在学校内接受的教学与他在教室外得到的学习结合起来。这是一个值得严肃思考的问题，不能等闲视之。

到了下午，大部分克伦斯科的孩子是完全自由的。少数孩子要轮到去做一点家务，但是大多数孩子就是在室内、室外耍一耍。他们可以去工场或者陶艺室，可以画画、阅读，也可以在树荫底下玩。就是在这样的下午，孩子们开始建造自己的村庄。

儿童村是从为那个俄国小孩造的木板房开始的。那个房子没有好好规划，建到一半的时候才想起来，他们没法在前面开门，就只好在后面开了一个门，然后在顶上做了一个人字形的窗口。他们用自己的画笔，设计出各种精巧的图案，来装饰这间房子，又把工场里做出来的家具，布置在这里。后来，他们又想要更大的房子、造得更好的房子。由于有第一次的经验，这回他们规划得仔细多了。

造好以后，房子的确非常好看。木板是用斧子沿着本来的纹理劈出来的，而不是一般木匠那种横平竖直的样子。不过屋顶的防水性很好，房子很坚固，底部牢牢地扎进地面。孩子们的艺术才能，在装饰工作和这座迷你建筑的外形上，得到了淋漓尽致的展现。

学校的理事们见到孩子们对这座房子有兴趣，就决定以这批孩子作为儿童村的核心，把儿童村交由他们自己去打理。他们因此就有了自己的木匠，来造一个更大的玩具屋。同样，这也让孩子们自己去装饰和布置。孩子们造了两张床、一个烤炉，以及别的许多大小家具。他们在自己的小院子里种菜，以后就拿这些菜到玩具屋里去煮，用来招待自己的老师和客人。夏天的时候，每天晚上都会轮到三个孩子住那个玩具屋。

在我们到访的第一个下午，我们听到孩子们往主楼门前跑，热热闹闹地挤在一对刚到的男女客人身旁。这两人是一位捷克著名作家和他的夫人，他们是这里的常客，对孩子们产生了很大影响。在捷克斯洛伐克语中叫做“伽马”（Gamma）的这位作家，信奉托尔斯泰（Tolstoy）的人生哲学，在艺术哲学方面则追随拉斯金（Ruskin）。有时候，他可以一下子花上好几个星期和这些孤儿待在一起，带他们远足，给他们讲故事，用自己的理想鼓舞他们，把自己写的书赠送给他们。

他甚至一度让全校孩子都变成了素食者。情况是这样的。

伽马本人是一位素食者，常常拒绝孩子们给的好吃的东西，却从自己口袋里掏出一小袋面包和奶酪出来吃。这让孩子们很不解。于是，他们问伽马为什么不肯吃肉。伽马解释了自己的人生哲学，但是完全不想让孩子们跟着他学。当时，无论是教师还是学生，没有谁是素食者。

有一天，孩子们抓到了一只老鼠。在讲故事和在森林里散步的时候，伽马都告诉过他们要爱护动物，结果没有哪个孩子再愿意去杀这只老鼠了。他们于是把老鼠带到克尔赫院长那里，请他来帮他们杀。在了解过他们不愿意杀老鼠的原因以后，他觉得自己要是真去杀了这只老鼠，就显得太冷酷无情了。因此，在经过讨论之后，那只老鼠被带到树林里释放了。不过，这个故事还没有结束。

一群大孩子们就着杀害动物的问题，好好地辩论了一番，结果有人支持，有人反对。他们最终决定，既然伽马不吃肉也可以很健康，那么杀害动物就是完全没有必要的。他们于是到院长那里说：

"克尔赫先生，我们不想任何动物因为我们的缘故被杀死。我们想成为伽马那样的素食者。"

靠着信念赋予的勇气、靠着对儿童想法的深切同情，克尔赫接受了那个俄国弃婴，后来又允许小女孩们接手家务，并且准备好让学校去适应儿童。现在，基于同样的理由，他再次表示赞同。以后，这群小孩子在吃饭时会另坐一桌，吃素食。通过和大孩子讨论，其他孩子很快就知道了整件事情的来龙去脉，于是也要求加入素食者的队伍。到我们访问的时候，整个学校都开始吃素了。教师们最终也决定陪着孩子们吃素。孤儿院里只有一两位帮工还在吃肉。我们和这些孩子一道，平生头一次吃了顿完全没有肉食的圣诞节晚餐。这些孩子的想法和观念，在他们的学校活动中得到了体现。

前一天晚上，我们和孩子们一道度过了圣诞前夜。我们吃了孩子们制作的甜饼，上面是彩色的糖霜。我们听了他们的圣诞颂歌，和他们在阅读室里一起游戏、跳舞。就寝时间到了，小小孩儿们就跑去了托儿所。在那边，每个人都有一个温暖、可爱的婴儿床。我还是留在原地，和大孩子们在一起，看他们跳民族舞。后来，我发现太太不在身旁，没有人知道她去了哪里。我想起来，这是我们第一个没有跟自家孩子在一起过的圣诞前夜。我走进托儿所，小家伙们都已经爬上了床，我在那里找到了她。

“我亲了一个小家伙，跟他说晚安，然后又给他盖好了被子，”她说。“结果，其他20个小家伙都跳起来，不肯躺下，非让我也亲一亲他们、帮他们盖好被子不可。我才刚刚做完这一切呢。”

带着谦卑和爱心陪伴孩子们，用成熟的经验为他们解释和澄清生活中碰到的那些事，这并不是一种普普通通的教学方法。友爱、大方、信任、创造力，这些都是这种方法所带来的美好品质。

克伦斯科告诉我们，调整学习以适应个体的生活，只要明智地把握时机，就能拥有巨大的优势。只要教师有意去捕捉儿童生活提供的机会，那么即使有各种常规，即使要实现各种确定的目标，他们的教学也仍旧有可能保持弹性。这可以让儿童熟悉、喜爱教师要他们学的内容。今天，一些与儿童生活和兴趣有关的东西，在常规的学习进程当中，往往要等到几个月以后才能得到解释。如果利用当前的机遇，把教学与儿童目前的感受结合起来，而不是等待早已确定的教科书提供的教学时间，那么教学和生活的距离就不会那么遥远了。

总之，克伦斯科的实验把汉堡或者基尔斯利的自由和自发性，与彼得莱斯这类学校的正规教学目标结合了起来。这是一个重要的结合：在优美的环境当中，过一种有秩序的、规范的生活，同时在教学上又包含了惊人的弹性以及自由。

这些孤儿院的孩子们牢牢抓住了我们的心。这是一所真正明智的学校。它在自由当中发展儿童，可是他们的自由又不是盲目的。这所学校本身就是一个生长中的、活生生的东西，不断适应孩子们的需求和兴趣。这是一个孩子们可以在其中生活和成长的地方。世界上所有学校都理应如此。

十二、巴库莱学校①

在俯瞰布拉格的小山上，有一所为残疾儿童办的学校。在这里，我们见到了一个小姑娘，她只有一只手臂，而这仅存的手臂上也只有三根手指。我们看到她时，她正在用自己的设计去雕刻和装饰一个漂亮的盒子。在这里，没有手臂的弗兰季克在用自己的脚趾涂抹和勾勒，为这所专为残疾儿童开办的自给自足的学校做工。在这里，我们看到一个大男孩。多年前，他像动物一样四肢着地来到这所学校，被所有人当作失能者而放弃了。现在，他在领导着这组制盒工人，在培训自己的助手。同样是在这里，我们听到了孩子们的歌唱，比我们曾经听过的所有歌声都要更加动人。

这就是弗兰蒂泽克·巴库莱（Frantizek Bakule）的学校，它放弃了美国学校观念中最重视的东西，结果取得了了不起的成就。

美国教育的整个体系，都是基于对需求的预期。

我们会说："儿童为了成长为高效的社会成员，就需要懂阅读、需要懂写作、需要懂算术。很好，我们来教他这些东西。同时，作为一个儿童，他还是有空闲时间。到他需要这些知识的时候，他会发现自己已经掌握了。"

这就像一个即将尝试危险旅程的人，而我们在他出发前才给他提供有关急救措施的知识。要是需求在获取知识之前突然出现，一

① 译者注：本章原标题为"在谋生中学习的残疾儿童——巴库莱在布拉格的学校"。

切就已经为时太晚了。我们发现，在巴库莱的残疾儿童学校中，这种教育理论在很大程度上被颠覆了。在这所学校，需求先于知识。知识是在满足需求的过程中获得的。

巴库莱学校事实上已经实现了设计教学法，而且是翻转的，或者说反向的设计教学法。在美国学校，设计教学法的应用往往是基于“对需求的预期”。教师选择这项方法，是为了让儿童获得今后有用的知识。但在巴库莱学校，是由生活本身来选定项目。之所以选择这些项目，不是因为预见了某种需求，而是因为需求本身就可以提出这些项目来。

请你设想这样一群学生，他们被人从教室里带出来，在教师的带领下搭上一班火车，然后在一个孤零零的小站下车。需求很快就出现了，教师的教学也应运而生。

他们需要住处，为了遮风挡雨，还得要有屋顶。为了免于受冻，他们就得有火。在收集燃料的时候，在点火的时候，在选择营地位置的时候，他们都要用到一些知识，都要去发展在任何教室内都无法得到发展的那些技能。对食物的需求，同时意味着获取金钱或猎物。无论何种情况，实际需求都会提供激励。饥饿本身或者对饥饿的恐惧，会自动鞭策他们。更进一步，你可以设想有这样一位教师，他拥有广博的知识，并且随时可以获得需要的书籍和信息，然后就由他来负责发现各个学科在团队发展方面的价值。买来做床的香脂冷杉，可能带来关于针叶树的相关讨论，然后是香脂冷杉、铁杉以及松树的比较。沿着这条学习道路，学生们就可能获得许多关于树木、植物学、生物学、进化论方面的知识。知识的多寡，恰好与需求、兴趣以及机会相一致。

从效果来看，这就是巴库莱遵循的方法。巴库莱取得的成绩，比我们能想象的还要好上许多。

以下是一些来自巴库莱学校的动人故事。

1913年，一位著名的捷克整形医师耶德利克（Jedlicke）博士，计划在自己的疗养院里增设一所为残疾儿童开办的学校。为此，他聘请了一位名叫巴库莱的年轻教师。

弗兰蒂泽克·巴库莱对于残疾人几乎一无所知，也没有接受过专门的训练，比如工场工作或者其他足以让残疾人自给自足的那些活动。他拥有的只不过是热心和头脑，于是就靠着这些开始了自己的工作。

他发现自己照料的这一群残疾儿童，是完全依赖别人过活的，这群孩子觉得自己是游离于整个世界之外的。于是，他马上就有了一个想法，想要让每个人都能认识到自己的用处。他以打造学校用具作为开始。他不知道该怎么造，可正是这种笨拙给了那些残疾儿童信心。让他们吃惊的是，老师在工作的时候会叫某个人来帮忙，然后又叫了另外的某个人。他们作为残疾人，却在帮助一个健全、健壮的成年男人！他们觉得太不可思议了，但是他们就是帮了，而且看到了自己帮的忙的确管用。

一点一点地，巴库莱要求的帮助变得越来越多。尽管孩子们身有残疾，当他们掌握了工具以后，巴库莱就只做个开头，把剩下的活计都留给这些孩子们，自己再去开始新的工作。就这样，时间一天天过去，然后是几周，然后是几个月。他完全不教什么课，不去要求孩子们学什么，所有的时间都用来造东西。巴库莱在训练这些孩子们自尊、自信，而这些都来自工作和服务的能力。他同时也训练他们运用自己身体上仍旧管用的那些部分。

不过，他们在周日是不做工的，周日那天就这么懒懒散散地过。有一个周日，其他孩子无精打采地躺着、倚着，一个男孩儿来到巴库莱这里，说自己觉得无聊、想要工作日。他说："巴库莱先生，我想给妈妈写一封信。你能帮我吗？"

巴库莱回答："我不会替你写，但是可以教你怎么自己写。"

“你真的会那样做吗?”男孩问道。

“当然，只要你肯学。”

于是，巴库莱开始教这个男孩书写。另外一些男孩子聚拢过来，显得非常感兴趣。他们也拿到了纸和笔，开始写字母。他们曾经学习过如何用自己设计的东西做装饰。现在，他们就开始用字母表上的字母来做装饰，在纸张的四周装饰一个个 H、一个个 A、一个个 U。看到自己的进步，孩子们感到很兴奋，整个星期天都很努力地写。晚上睡觉前，他们把铅笔压在枕头下面，把纸张放在手边，准备好第二天一早就开始写。到了周一，他们要求继续写，巴库莱同意了。那天以及下一天、再下一天，一直持续了差不多两个星期，这些孩子除了写什么也没做。两周以后，每个孩子都会写了，然后他们才回到造东西这件常规工作上来。

后来，因为要卖自己造的那些东西，就出现了新问题。这些东西该卖多少钱呢？这种决定，需要用到算术知识。巴库莱跟他们演示了这类问题该怎么解决，然后跟他们说：

“为了解决问题，你们必须要加几个数字。在今后的生活当中，你们会遇到很多类似的问题。你们必须去加各种数字。不过，总共也不会超过一百种做加法的方法，要学其实也不怎么费时。你们想掌握这个吗，就跟你们学书写那样?”

由于认识到了这种需求，于是巴库莱就趁着新鲜劲儿，带领孩子们投入到加法学习当中去了。他们只用了少得惊人的时间就掌握了这一套，然后再次回到造东西的工作上来。

以这种渐进的方式，孩子们学到了知识。他们的工作自然而然地引领他们面对各种需求，然后他们就去搜集和获取必要的知识。他们也受到鼓励，去向巴库莱和他的助手之外的其他成年人请教。他们又得到指示，知道书本包含了教师也没有掌握的知识。就这样，以一点一滴的方式，他们逐步受到了教育。

当巴库莱讲这个故事的时候，我问道："如果用这种方式来获得知识，那么和普通学校的孩子们相比，你的孩子们对于学校科目了解得一样多吗？"

"可能没有。"巴库莱回答说。"在学术性知识方面，他们大概要比一般孩子落后一年。可是这又怎么样呢？如果有小孩子打算毕业后去读高中，我们就给他六个月的时间去做专门的训练。就是做那些中学要求的无用的东西，比如正规的语法、拉丁文或者高等数学。他们可以成功升学，而且完全胜任高中的日常学习。"

这个实验的前半部分是在战前进行的。当世界大战爆发以后，残疾士兵被从前线运送回布拉格。耶德利克博士就把残疾军人学院和残疾儿童学校合并起来。一个在战场上断手断腿的士兵，来到学院接受治疗并进行职业学习。这时他觉得自己的生活已经完全被摧毁了。然后，他就遇到了巴库莱的那班小孩子，他们的残疾程度往往远比他严重。可是，在这些孩子们脸上，他看不到一丁点儿他心中的那种沮丧。相反，他看到了生气、看到了欢乐、看到了高涨的希望。"要是这些残疾的小家伙们都可以热情地面对生活，那我想自己也可以。"他就这样对自己说。于是，这些士兵开始了生活的新篇章。他们和孩子们之间的友谊一直持续到今天。

残疾士兵和残疾儿童并肩工作，一起装饰、雕刻，一起造东西。他们的事业发展得很快，甚至要请一些专家来帮忙了。他们建立了 15 个工场，周边的一些健全的成年人也被吸收进来，参与那些残疾儿童和残疾士兵合作进行的事业。随着这项事业的发展，更专业的商业化管理开始变得重要起来，这些工场也发展成为正式的工业，通过劳动分工和专业化来获得更高的生产效率。

可是巴库莱是一位教师，而不是一位企业家。他觉得自己的残疾儿童需要学习那些与他们的生活息息相关的事务，家政、园艺、买卖等等。他不希望自己的孩子们因为工厂而感觉到是在被迫劳动。因此，他重组了学校，使其成为一个自治的儿童社区。在这里，孩子们要和教师一道制订他们的计划。教师和学生一样，也是组织的平等成员，并不高人一等。孩子们的教师，是他们的朋友、顾问，同时也是他们这个组织的一员。

我们美国人的手工训练课程和技工学校，往往只发展特定职业所需的能力。巴库莱的方针则远远不止如此。他的目标是要发展越来越大的能力、不断拓展的眼界、不断丰富的知识。

为了尽量丰富儿童的环境，巴库莱吸收了一些健全儿童进来——他们是一些在街上流浪的孩子，常常趴在窗台上看这些残疾儿童工作。耶德利克博士买了更多的土地，来满足学校日益增长的需求。随后，又成立了一个董事会来管理学校的一般事务，这样耶德利克博士就可以专心处理残疾士兵的工作了。

这个董事会希望巴库莱的教育工作，能够在一定程度上遵从奥地利教育体制，这是当时在捷克斯洛伐克流行的东西。可是，巴库莱不同意。

“如果你们不给我自由，不让我按照当初的理想去办学而不用去迎合国家的学校系统，那我宁愿离开，”他说道，“这些孩子也会跟我一道走。”

董事会坚持自己的立场。于是，巴库莱带着 12 名残疾儿童、一位同事以及 3 位护工离开了耶德利克学院。这是 1919 年 3 月份的事情。

当时，巴库莱口袋里有 5 美元，刚刚支付了位于布拉格的一间房子一周的房租。他和几个孩子一起住，另外一些孩子到警局的流浪儿之家去住，还有一些回自己家住。但是，白天时他们还是会在巴库莱的房间碰头，真的像字面意思那样工作谋生了。

由于没钱买工具，孩子们就用袖珍的小刀来雕刻。他们做了玩具、花棒和盒子。他们组成了一个小小的合作社，分工协作。巴库莱四处演说，让人们能够关心他们的事。

在一周结束时，他们发现自己已经挣到足够多的钱，可以应付下一周的生活了。他们太高兴了。几周以后，他们从一位富翁那里得到了一笔 15 万克朗的捐助。他们感谢了这位富翁，但是转头就把这笔钱交给教育部了，他们说要把这笔钱交给那些需要它的人。他们可以供养自己，如果不生病根本不需要什么额外的帮助。

在这里，我们再次看到了某种对于教育传统的颠覆，它必将影响深远。就跟实际过日子一样，巴库莱的学生亲手“挣”到了一切。

这与传统那种想要给每个儿童充分教育的努力正好相反。事实上，美国人做得还要更加过分。我们通过了法律，强迫每个儿童入学，不论他是否想要。这要一直持续到他完成了一定量的正式课程才算完事。在某种程度上，这种做法或许是可取的。但是，我们做过头了。那些十分渴望求学而最终得到了求学机会的人，他们的高中或者学院生活，会比同龄人的收获要多得多。这些同龄人可能只是按部就班地升学。他们之所以升学，只是因为“应该这么做”，或是父母因为国家提供了免费的学校而愿意供他们读书。我们的理论是，每个儿童都有权接受通识教育。我们以为这是世界、国家以及他们的父母“亏欠”他们的。但是，这并不是生活的真相。在我们努力通过立法来给那些丝毫不知珍惜和利用这种机会的人提供教育的时候，我们其实是在做无用功，注定要失败。

有一种礼物，巴库莱的残疾儿童不会拒绝，那就是工场里要用到的工具。因为，这会让他们有机会变得更加独立，他们因此可以做更多的工作。于是孩子们设计了手工难以完成的新模型，并在一间工厂里做出粗胚。工厂发来未完成的商品，由孩子们完成最后的加工和装饰，并准备好发售。当他们向工厂索要账单的时候，工厂经理给他们免了单。

用这种方式，这些孩子每天可以挣150克朗（当时价值两三美元）。靠着这些钱，师生一共17个人的生活就有着落了。

那年夏天，艾丽斯·马塞雷克（Alice Maseryk）博士建立了自己的“小军团”，并且答应他们所有人在斯洛伐克办一次夏令营。巴库莱的这一小群孩子，也受到了邀请。在这里，来自佐治亚州亚特兰大市的范内尔·哈里森（Fanneal Harrison）女士首次遇到了他们。

哈里森女士管理着整个夏令营。她注意到，发起木偶戏表演的是巴库莱的孩子，他们亲自写剧本、亲自雕刻木偶，然后亲自表演；想起来办营报的是巴库莱的孩子，他们亲自编辑、亲自印刷。她问自己，巴库莱到底给了这班残疾孩子什么东西？尽管他们身体有残疾，但是比起一般正常的儿童都要更加主动、更有能力。

返回美国以后，她就让身边的朋友们都对巴库莱的工作发生了兴趣。随后，她又通过美国少年红十字会募到了一笔款，为巴库莱和他的那些残疾孩子买了一栋房子。

正是在这栋房子里，在俯瞰布拉格的小山上，我们亲自看到了巴库莱的孩子们工作的场景。

这是一栋老房子，周边景色宜人。如果整栋房子都可以用，那地方是足够大的。可惜的是，和其他几个欧洲国家类似，捷克斯洛伐克也有严格的战后住房法令，禁止驱赶任何租户。因此，原先的租户就搬到楼上去住，留了底下的一层来办学校、工场、销售厅和食宿区。有些孩子只在白天过来，不过还是有一些孩子住在这里。

有一个男孩，在第一次来学校的时候，是拖着自己那两条残腿，一路爬着过来的。他现在是做木工镶嵌活的好手。他给自己造了两副高高细细的、像锯木架一样的拐杖，正好可以放在他的腋窝下。这样，在用手工作的时候，他就可以把全部体重移到这上面去了。在要走动时，他会摆动其中一根杖，把自己的重量架在上面，靠着这种方式来向前挪动，再把另一根杖往前摆动。这个走法有点怪异，但总要好过拖着腿、用手在地上爬。他乐观、能干，努力工作，目前是这群人中的大师傅。

边上的一个驼背孩子，正在画一张沙发靠垫的设计图。他完全徒手绘制，之前也没有画草图。结果很漂亮，这孩子自己也觉得很开心。

在众人中间有一个小女孩，正在用自己仅存的三根手指（她完全没有右手）捏着一把小刀，去刻一个固定在台钳上的盒子。她也是在徒手工作，自己设计、自己雕刻，然后再给刻完的盒子上色。她的作品是那么可爱，我们当场就想要买下一些。于是，她就喊那个没有手臂的小孩子弗兰季克过来——他是这些孩子们的销售经理。他从鞋子里脱出一只脚来，熟练地用脚指头取走我们的钞票，然后又把钞票塞到自己的裤子口袋里。我们都没来得及注意，他就做完了这一切。我们根本想不到，他是怎么做到这一切的。

我们看到房间里堆满了工作台和孩子们的手工制品，就问："孩子们睡在哪里？"

我们的问题被解释给孩子们听以后，他们就得意地笑了起来。他们把工作台清理出来，把装有铰链的顶板往上一抬。结果，每个工作台，就都变成一张床了。

巴库莱说："在你们走之前，一定要听一听孩子们的演唱。"

他把孩子们叫到厨房——这是这里最暖和的房间，也是唯一没有堆放东西的房间。我们坐在挨着门边的厨房椅子上。这些可怜的小家伙们，个个都穿着工作服，没有一个人身上不带着残疾。他们集合在窗子前面，远处街灯的灯光投射在他们身上。高高瘦瘦的巴库莱，背对着我们、面向孩子们站在瓦斯灯下。每个孩子的眼睛都看着他，眼睛里满是希冀的目光。巴库莱建议唱一首民歌，然后用音叉起了调子。孩子们的全副身心都投入进来了。尽管没有伴奏，可是他们的声音饱满、甜美、毫不做作。他们齐声合唱，完美至极。他们完全表现了这首歌的意境——这首歌可不仅仅是一连串音符，更是一种思想、一种心绪的表达。

随后，他们又唱了一首滑稽小曲。他们一边唱，一边嬉笑打闹。他们完全是在即兴创作，边唱边演。我们不懂他们的语言，可也跟着他们一起笑。

有一个大一点的男孩子，表演了男高音独唱，吐字清晰、音调优美。然后，巴库莱转头对我们说："孩子们想要为你们唱一首你们的国歌。因为这座美丽的房子来自美国，孩子们想借此对美国为他们做的这一切表达谢意。"

于是，孩子们唱起了《星条旗永不落》(Star Spangled Banner)。他们的歌声里有一种斯拉夫人的口音和完全自创的节奏。但是，在孩子们支离破碎的英语当中，包含了最甜美的话——"透过那一丝曙光"。无论如何，孩子们的面容都将永远留在我们心中。在向我们表达对美国的感激之情时，一张张面孔因为爱和感激而容光焕发。我们从未觉得如此谦卑，我们的国歌也从未如此打动过我们。

还没等我们恢复平静，这些孩子们又唱了一首斯拉夫古歌，其中饱含了这个民族的全部哀婉和悲伤。几分钟以前还满面笑颜、随后又充满感激的那些小小的面孔，现在则变得悲怆和哀伤起来。孩子们用心感受着他们唱出来的每一个字，他们对于音乐的每一个律动都能做出响应。

在孩子们停下来时，我转眼看一看自己的同伴，看看他们是不是也像我一样被孩子们的歌声打动了。结果，我看到他们在哭，毫不遮掩地流下了眼泪。

弗兰蒂泽克·巴库莱已经找到了在每个儿童身上发现其潜能的办法，然后再把这些潜能挖掘出来。无论是音乐能力还是商业能力，又或者是工艺美术方面的能力，他都为每个孩子的灵魂找到了出口。从这些残疾的身躯里，迸发出来的是儿童的那种质朴之美。

对于巴库莱的成功而言，他的那种对儿童的强大信心，无疑扮演了重要的角色。他认为大多数儿童都有丰富的潜力，即使是残疾儿童也同样拥有。因此，在他看来，问题只是如何去发现和发展这些特殊的能力。通过他的“生活项目法”，他有意识地、明确地去探究每个孩子最善于完成什么。在这里，我们发现了库西内的工作中所包含的那种发展自信心的原理，这在某种程度上也代表了桑德森在昂德尔所做的努力。但是，对于巴库莱来说，生活本身提供的那些重要项目，超越了任何课堂有可能提供的机会。

举例来说，有一个故事是关于一个手臂有残疾的孩子的。这个孩子的手肘到手腕只有寥寥几寸，而手和手指却异乎寻常的长。巴库莱觉得，这种独特的形态可能在平板印刷方面特别有用。他找不到印刷师傅来求证，于是就自己去学一些这方面的东西，这样他就可以亲自培训这个残疾儿童，来检验自己的想法是否正确了。现在，那个手特别长的残疾儿童，已经成为一名印刷专家。就像巴库莱预见的那样，与那些手指正常的工人相比，这个男孩明显占有优势。他身上的畸形，在成为专家以后，就变成在这项工作上的一个优点了。

赫尔曼·施奈德（Herman Schneider）博士是辛辛那提大学工商学院的院长，他找到了一种方案来实现巴库莱的方法中蕴含的可能性。他所谓的“合作系统”已经被许多技术院校采用了。安条克学院（Antioch College）目前正计划在博雅教育方面应用这一方法。这个方法包括，把教室工作替换为真实情境下的常规工作。学生们要花很长时间待在实际工作岗位，这有可能是一家电器公司，也有可能是一家铁路公司。随后，他们再花同样多的时间回到校园学习。和巴库莱类似，施奈德也强调要发现每个学生的特殊能力，这可以通过认真观察以及尝试不同的流水线来实现。

或许唯有沿着这样的路线，美国教育才可以持续发展下去，直到课堂和生活之间的鸿沟得以消除。通过儿童自己生活中的需求与机遇所引出的工作，了解每个儿童最擅长做什么，一旦掌握了这一基本原则，我们就可以像巴库莱那样，将其用到年幼孩子的身上。我们的一些职前培训学校，已经开始沿着那个方向前进了。例如，位于纽约的罗切斯特初中就是这方面的一个例子。

在巴库莱的教学和他负责的那些残疾儿童彼此进行的教学当中，包含了某种学徒制的东西。巴库莱是师傅，是指导者和顾问。但是，这里也有超越学徒制的东西，包含了某种独特的教学原理，不断引导儿童面向更广阔的生活。

传统的教育理论，到底包含多少正确的东西？到底有多大必要去迎合各种预期的教育需求并且为其做准备？我们也不知道答案。毫无疑问的是，在孩子有时间的时候，无疑有许多东西需要学习。但是，同样可以确信的是，我们传统的教育系统，在从理论上决定这些东西该是什么的时候，的确走得太远了。美国的科学化课程设计，正在削减要学习的事实和技能的数量。在这最小限度之外，我们要做的是发展能力。我们知道，能力和个人品质都是必要的。这些能力包括思考的能力、敢为人先的能力，以及应对随之而来的未知情境的能力。可是，一旦我们的教育开始围绕知识来组织，只给孩子们灌输那些假设在未来用得上的事实，那我们就走上弯路了，尽管我们也不知道这到底错得有多离谱。巴库莱的惊人成就，证明了这的确错得厉害。美国的大部分公立学校学生，都要学习代数知识。但显然，他们中很少有人会在今后的生活中真正用得到这方面的知识。然而，很少有儿童得到训练，让他可以在进行重大决策时，能基于一般的社会价值而不是个人偏见或者某种迂腐的忠诚。对于这方面的能力，他们只能自求多福。

我们当然不能完全扔掉自己的教育系统。尽管在设计理论上的教育需求方面，我们肯定是走过了头的。但是，要是等待生活来决定要学习的科目、要参加的课程，这种机会主义的策略很可能也会把我们带向某种同样恶劣的极端。某种折中立场、某种中间方案，可能是我们真正要寻找的东西。

尽管如此，巴库莱在他的残疾儿童身上实现的那种发展，仍将会被视为一个目标。这比拉丁文、几何，甚至地理和算术方面的知识，更加值得我们追求。

无手的弗兰季克，已经把这些对我们说清楚了。他明确表达了巴库莱的训练对于他意味着什么。这意味着觉得自己是有用而不是无用的，意味着能够在世界上尽自己的一份责任。下面这些话的第一段来自弗兰季克自传的前一部分。之后的那些，则是在他讲完巴库莱怎么帮助他学着用脚之后说的。

“不止一次，而是无数次，我这样想：‘上帝为什么要忘掉我？难道他没有足够的泥土来造我那小小的手吗？如果他无法完成我，那他又为什么要赐予我生命？’

“我感到害怕。啊！我是多么害怕！一想到未来，我就感到沉重，就会心事重重。可是，我这个十岁的小家伙，脑子里想法再多，也还只能坐在路边乞讨。让路人感到惊奇的是，我竟然可以用脚把硬币拾起来。是啊，一个人总是可以学习的。我就这样坐着、坐着，在车站边的垃圾堆里摇尾乞怜……

“但是，在路边乞讨的时候，我会想：‘在你悲苦的一生当中，你会像这样一直坐下去、一直坐下去。这一切，都是因为你无法工作。’啊！这是多么可怕啊！

“我不想这样，不，永远不想……

“我祈求那个掌管世界运行的上帝，一定要保护好我的脚。我的老师和我已经教会它如何去工作了。

“工作，你这美丽的字眼！你让我忘却了痛苦，成了蒙主赐福的人！”

结论

上面的这一切意味着什么？从美国放眼望去，欧洲以及美国本土的这些学校，正在努力寻找更好的教育方式。我们通过这种考察，可以得到关于未来教育的什么结论？关于重组学校以适应这个新兴的、复杂的、迅速变迁的社会秩序的需求，我们可以获得什么启示？

当然可以得到点什么！昂德尔学校坚持认为，今天的教育在博雅教育之外，还要包括机械和科学方面的知识，它们想要找到适合每个男孩子的教育；道尔顿制把教育责任由教师转向学生，打破了正式的课程表；彼得莱斯学校有一种有条理的、平衡的生活，采用个别式教学，在男女学生之间建立同志情谊；杰西·麦金德位于马尔伯勒（Marlborough）的学校，有自己独特的自我教育设计，使得在拥挤、不利的条件下进行个性化的问题解决成为可能；奥尼尔出于对强迫的激烈反抗，用学习的意愿代替了强迫的教训。所有这些发生在英国的实验，当然可以告诉我们一点什么。

比利时的德可乐利通过与真实事物的接触来学习，让儿童通过教别人来学习；荷兰的博爱学校，致力于培养普遍的善意，也就是一种对自己同胞的爱；法国的库西内对于合作学习的发展；瑞士的格拉里榭学校，通过舍监的方式来密切关注每一群男孩子，对于手工、体育、道德和心智的教育也同样强调（这也是欧洲新学校的特征）；德国汉堡大胆进行教育革新，展示了在废弃各种传统方法以后还可以做什么；克伦斯科的捷克孤儿院，让孩子们处在美和爱之中，时刻响应孩子们的需求；布拉格的巴库莱学校，充分相信每个儿童的潜能，并且富有创意地发展了它，通过真实的生活来进行教育。这些实验，当然也可以就我们的问题，告诉我们一点什么。我们是怀着兴奋和思考离开这些学校的。

我们可以得到解决当前问题的某种答案吗？不，没有现成的答案。为了得到答案，我们仍旧需要自己付出努力。与此前相比，我们的确会少一点盲目、多一点方向感，尽管最终目标并不就在眼前。

我们不能指着欧洲或者美国的任何实验学校说："瞧！这就是理想的方案。"但是，我们可以发现某些趋势。于是，当我们的学校正在向这些趋势迈进时，我们就可以满怀信心。

让学校组织不要那么死板，而是更有弹性、更容易做调整，让学校组织可以匹配儿童的需求和兴趣。

让儿童获得更大的自由来安排自己的日程和学习，来发展自己的兴趣，来完成调查研究。

让教师可以更多地和孩子们在一起，这样教师就可以深入了解他们中的每一个人，让自己的教学适应每一个人的需求和兴趣。

让学校生活与校外活动的联系更为紧密，让学校学习与儿童感知到的生活需求之间保持某种紧密的联系。

让教师可以充满伟大的理想和崇高的目标，因为这样的教师在无意中带来的影响比书本学习的影响还要大。

让儿童被当作个体，允许他们按照自己的节奏来进步和发展，让每个人的独特需求和能力成为可能的最完满的发展的基础。

让儿童可以通过分组活动的密切合作，在社会团结和互助意识方面得到发展。

在我们为这些东西付出努力时，那些交给我们照料的儿童，将会成长为比我们更有能力面对生活问题的男人和女人。与此同时，我们也将更有可能引领未来的教育。

附录
华虚朋的教育人生[①]

丁道勇　赵　婷

1931 年 2 月 15 日晚，上海教育界在香港路银行公会俱乐部宴请华虚朋一行。在华虚朋演讲之前，先有上海市教育局长及蔡元培致辞。蔡元培在致辞中对华虚朋有一段概括性的评价："华虚朋博士创造之文纳特卡制，有四大原则：（一）使儿童尽量地能够获得将来要在生活上应用的知识和技能；（二）每个儿童应该自然的快乐的和完美的能够享受儿童的生活；（三）人类的进步，在每个份子能够达到他充分的发展；（四）人群的福利，需要每个份子中有整个的社会意识的发展。此四原则，（二）（三）两者，属于个性的；（一）（四）两者，属于群性的。凡不为社会所需，亦即无所用于生活与技能。华博士调和两者为主旨，而使个与群平均的发展。……华氏能顾及两方面，是其优点。"[②] 本文粗略回顾了华虚朋的教育人生，可以看作是对蔡元培这段概括的"注脚"。《美国教育领袖》（*Leaders in American Education*）一书评价说："华虚朋是进步教育运动的典范人物，看他的自传

---

① 本文精简版参见：丁道勇、赵婷的《调和个性与群性：华虚朋的教育追求》，《中国教育科学》2021 年第 3 期。

②《沪教育界欢宴华虚朋博士》，《教育杂志》1931 年第 3 期。

可以了解那个时代主流教育运动的转向。”① 读完本文，当知此言不虚。

一、华虚朋与进步教育运动

华虚朋（Carleton W. Washburne，1889-12-12 至 1968-11-17）本人曾自陈：“我有得天独厚的优势，熟悉这场运动的所有方面和所有重要人物。”② 这种与进步教育运动的紧密关联，可以一直上溯到他的童年时代。华虚朋的母亲马里恩·福斯特（Marion Foster），一早就协助杜威口中的“进步教育之父”弗朗西斯·帕克（Francis W. Parker，1837—1902）上校编辑《学习过程》（*The Course of Study*）杂志③。这份杂志的其中一个职能，就是回应外界对于进步教育的批评。华虚朋的小学一二年级（1896—1897）在帕克领导的芝加哥教师学院（Chicago Teachers College）附设学校就读，后来又转入帕克领导的芝加哥学院（The Chicago Institute）读小学五年级。据称，华虚朋家的坐上宾也包括比帕克年轻得多的杜威（John Dewey，1859—1952）。华虚朋一二年级时的老师弗洛拉·库克（Flora J. Cooke），在帕克前往芝加哥学院以后，接替帕克担任新设立的弗朗西斯·帕克学校校长。该校后来也是进步教育

---

① Patricia Albjerg Graham. Carleton Wolsey Washburne：A Biographical Essay. In Robert J. Havighurst (Ed.). *Leaders in American Education*. Chicago，Ill.：The University of Chicago Press，1971，pp. 487-494.

② Carleton W. Washburne. *What is Progressive Education*. New York：The John Day Company，1952，p. 8.

③ 该杂志后改名为《小学教育》(*Elementary School Journal*)。

运动时期的一所先锋私立学校。① 在《杜威学校》(*The Dewey School*)

---

① 帕克在美国内战(1861—1865)结束以后，曾前往德国洪堡大学学习赫尔巴特等人的教学法。归国后在马萨诸塞州的昆西担任学监，开始实验他的新教育方法，在教育史上被称作“昆西制”(Quincy Plan，1875—1880)。帕克之后在位于芝加哥的“库克县立师范学校”(Cook County Normal School，后改名为“芝加哥教师学院”)任校长。到此为止，帕克的实验工作一直都在公立学校进行，过程中不断受到来自各界的干扰。(华虚朋母亲编辑的那份杂志常常是在回应这些批评。)为此，埃蒙斯·布莱恩(Emmons Blaine，即Anita McCormick Blaine，1866—1954)，联合收割机的发明人、工业大亨赛勒斯·麦考密克(Cyrus McCormick)之女，捐款为帕克设立了一所私立师范学院，即“芝加哥学院”(Chicago Institute)。该学院成立后不久，即在赞助人布莱恩夫人的敦促下并入芝加哥大学，即“芝加哥大学教育学院”(School of Education)，帕克成为学院的首任主任。与此同时，布莱恩还捐款设立了“弗朗西斯·帕克学校”，以便在帕克离开以后满足那些此前就读“芝加哥教师学院”附设学校的家长的需求。在芝加哥大学教育学院成立后不久帕克离世了，此时任芝加哥大学教育系主任和实验学校校长的杜威得到布莱恩夫人的支持，接手了帕克留下的职缺。杜威的《学校与社会》收录了他在1899年4月的三次演讲，这些演讲就是在这位布莱恩夫人家中进行的。这本书扉页上的献词是：“献给埃蒙斯·布莱恩夫人。这本书的出现要归功于她对于教育改革的关注。”(另外一个有趣的关联是：在美国内战期间，杜威的父亲和帕克同属联邦军队一方。因为父亲参战，杜威在4岁以前主要由母亲抚养。杜威的外祖父是一位农场主，因此杜威母亲自小就掌握了自给自足的农场生活技能。杜威传记作者杰伊·马丁认为“约翰·杜威把他母亲的技能理想化了”。我不知道杜威思想的源头是否真来自母亲，但是他的教育理论的确强调操作和应用。)参见[美]马丁著，杨光富等译：《教育人生：约翰·杜威传》，华东师范大学2020年版，第10页。

帕克传记中记载了一件有关于他的逸事：帕克在战后来到欧洲，打算学习教育科学。1872年，在位于柏林的威廉王大学(即后来的洪堡大学)，有人问他：“你学习是为了什么学位?”帕克回答：“先生，我之所以来学习，不是为了一个学位，而是为了美国的儿童。”参见 Ida Cassa Heffron. *Francis Wayland Parker: An Interpretive Biography*. Los Angeles: Ivan Deach, Jr., 1934, p. 23.

一书中记录了一段库克对于帕克和杜威的评论："我相信杜威博士和帕克上校在教育方面基本上持相同的观点，但杜威博士由于他渊博的哲学研究而得出他的结论，帕克上校则通过深切而富有同情心地了解儿童与他们的需要而得出他的结论。"① 帕克在昆西（Quincy）的办学（1875—1880）和杜威在芝加哥的办学（1896—1903），激励着众多不满意公立学校的家长和教育者去探索不同的教育方式，他们俩是进步教育运动早期的重要精神领袖。华虚朋因为母亲的关系，一早就耳濡目染了这些教育上的新风气。用华虚朋自己的话来说："我终生铭记着那些在餐桌上、壁炉边讨论的新教育理念。"② 这些早年经历，与华虚朋在一般公立学校的就读经历形成了鲜明对比，对他今后的教育人生产生了重大影响。

华虚朋在大学阶段先在芝加哥大学学医，后在斯坦福大学生理学专业毕业。毕业以后，华虚朋在第一个工作单位结识了未来的妻子海鲁伊斯·比格罗·钱德勒（Heluiz Bigelow Chandler）。今后他们既是夫妻也是合作者，合作出版了《天与地的故事》（*The Story of the Earth and Sky*）等作品，且在本文报告的几次教育调查中都结伴而行。③ 华虚朋甫一毕业，完全没有想过要当教师，只是因为生计问题才误打误撞得到了两段教学经历，改变了他的人生

① ［美］梅休、爱德华兹著，王承绪、赵祥麟、顾岳中、赵端英译：《杜威学校》，华东师范大学出版社 1991 年版，第 345—346 页。

② Carleton W. Washburne & Sidney P. Marland. *Winnetka: The History and Significance of an Educational Experiment*. Englewood Cliffs, NJ: Prentice Hall, 1963, p. 11.

③ Carleton W. Washburne & Heluiz Chandler Washburne. *The Story of the Earth and Sky*. New York: D. Appleton-Century Company, 1935. 中译本为［美］华虚朋、利特著，刘维沂、谢立达译：《天与地的故事》，世界书局 1939 年版。

走向。在当教师期间，华虚朋尝试应用自己儿时就了解的帕克和杜威的方法，尤其是在第二份教职当中。当时，华虚朋面对的是17名无法适应常规教学进度的学生，其中有印第安人、唇腭裂学生、有严重行为问题的学生等。他们虽然身在同一个年级，但是算术程度差异达4个年级之多，为此华虚朋给他们指定了不同的作业。可惜的是，这个做法并未得到上级支持。在学监发现这些学生的学习进度不一时，华虚朋就丢了工作。所幸的是，华虚朋在这位学监那里读到了旧金山州立师范学校弗雷德里克·伯克（Frederic Burk，1862—1924）校长的一篇文章，题目是《齐步走式的学校教育及其救治》（*Lock-Step Schooling and a Remedy*）①。这是该专题系列中的第一篇文章，"对学校那种把所有学生不加区分地根据年级进行分组，无视其心理、气质、天赋、品味、健康、出勤等差异的做法提出了控诉"。这篇文章在结尾部分写道："唯一的救治办法就是建立一种新的学校教育系统，使之适应学生明显不同的条件，让每个人都有充分的机会按照自己的速度、根据自己的情况接受教育"②。华虚朋给伯克写了一封长信，告诉他自己做过的事，表达了在他那里继续个别化教学工作的愿望。最终，二十四岁的华虚朋如愿以偿。在伯克那里工作的五年时间里，华虚朋主要负责开发基于个别化教学的物理课程，1915年发布的上述专题系列的第三篇文章，报告了该师范学校小学部（一至八年级）进行的个别化教学

①② Frederic Burk. *Lock-Step Schooling and a Remedy*: *The Fundamental Evils and Handicaps of Class Instruction*; *and A Report of Progress in the Construction of an Individual System*. State Normal School at San Francisco, Monograph Series A, 1913.

实验结果。① 在该书内页当中，华虚朋已经被列入该项目科学学科的职员名单了。

伯克是“儿童研究运动之父”霍尔（G. Stanley Hall，1844—1924）在克拉克大学时期的学生（霍尔是杜威在约翰·霍普金斯大学期间的老师）。进步教育协会会刊《进步教育》（*Progressive Education*）的创刊号上，刊登的头一篇文章就是伯克的《旧金山州立教师学院的个别化教学》②。伯克在这篇文章中说，旧金山师范学院不是这种新教育方案的适宜土壤，这个方案需要在一般公立学校系统做检验。这个机会不久以后就出现了！1919 年，文纳特卡学校董事会的爱德华·约曼斯（Edward Yeomans）③ 请伯克推荐一位校监人选，以改进此地公立学校。伯克推荐了华虚朋，年仅

---

① Frederic Burk. *Data of Results*, *Methods and Costs of Operating Schools by Individual Instruction*. State Normal School at San Francisco, Monograph Series C，1915，p. 4.

② Frederic Burk. Individual Instruction in the San Francisco State Teachers College. *Progressive Education*: *A Quarterly Review of the Newer Tendencies in Education*，1924，1(1)，pp. 8-10.

③ 爱德华·约曼斯是文纳特卡的水泵商人，后来也是进步教育运动中的著名人物。他在自己的《被束缚的青年》一书当中，对公立学校的因循守旧提出了严厉的批评：“一个显而易见的事实是，应该教书的人通常不教书，太多教了书的人却没有资质。如果他们不教那么多，反而会更加合格。教师的生活方式很容易让他们丧失教书的资质。这也许是我们的公立学校体系最大罪恶，它了无生气、到处是让人厌恶的陈规陋习、专业水平低下、永远不成熟而又停滞不前。”（Edward Yeomans. *Shackled Youth*: *Comments on Schools*, *School People*, *and Other People*. Boston，MA：The Atlantic Monthly Press，1921，p. 11.）1923 年，约斯曼受邀在加州重建立了欧佳谷学校（Ojai Valley School）。约斯曼相信通过经验学习是最好的学习方式，在办学中高度重视体验和户外活动。欧佳谷学校是进步教育时期的名校，并且一直延续至今。约斯曼确立的办学理念，至今可以在该校主页上看得到。

二十九岁的华虚朋开始在此地担任学监，前后持续了二十六年。在这里，他进行了举世闻名的文纳特卡教育实验，探索了个别化教学和团体活动与创造活动在公立学校中的应用。华虚朋写道："我们把作为个体的儿童的发展，当作教育的首要目的。这包括身体方面的发展，以及在精神卫生方面的人格的发展。把儿童发展为个体，其中的第二个目的是在儿童当中发展和培养个别差异性。这与传统学校的做法截然相反。在那里，思考和表达方面的个性、脱离群体的思考或行为模式受到冷落甚至无情的打击。"① 很显然，华虚朋与伯克的想法有明显联系，华虚朋被认为是第一个在公立学校系统中系统应用伯克方案的人。② 在伯克于 1924 年过世以后，华虚朋就成为个别化教学的代表人物了。华虚朋在 1925 年成为进步教育协会的副主席。当时，进步教育主要在私立学校中流行，华虚朋是协会里唯一一位来自公立学校的代表。

在担任学监期间，华虚朋多次对美国及各大洲教育状况进行系统考察。其中，他在 1922—1923 年访问的是欧洲，在三个月时间内考察了英国、比利时、荷兰、法国、瑞士、德国、捷克的多所新教育学校，其见闻在《欧洲新学校》（*New Schools in the Old World*）一书中做了报告。在该书出版后不久，华虚朋又出版了《更好的学校》（*Better Schools：A View of Progressive Education in American Public Schools*）一书，以报告美国公立学校中进步教育的状况。1927 年，华虚朋在十月革命十周年之际访问了苏联，撰写了《苏俄普通学校》（*The Common Schools of the R.S.F.S.R*）一文。1930—1931 年，他访问了亚欧诸国，在九个月时间内考察

① Carleton W. Washburne. *A Living Philosophy of Education*. New York：The John Day Company，1940，p.109.

② Harold Rugg. *American Life and the School Curriculum：Next Steps toward Schools of Living*. Boston：Ginn & Company，1936，p.182.

了日本、中国、印度、伊拉克、巴勒斯坦、土耳其、苏联、波兰、奥地利、德国、法国等地，调查所得见于《人类再造者》(*Remakers of Mankind*)一书。1941—1942年，华虚朋接受委托，调查美国南部路易斯安那州公立学校，撰写了《路易斯安那的学校》(*Louisiana Looks at Its Schools*)一书。除了这些有据可查的教育调查，华虚朋还曾于1942年调查过南美五国的教育，对于澳大利亚、柬埔寨、西班牙、非洲西海岸等地也有过访问。这些教育考察以及相应的报告，为当日世界各国（包括中国）的教育思想和教育实践状况留下了珍贵的记录。

华虚朋接受过系统的科学教育，在文纳特卡期间高度重视科学测验的应用①。实际上，华虚朋在伯克那里工作的同时，也在伯克的帮助下完成了博士论文，论文题目是《一种基于研究的科学课程》(*A Science Curriculum Based on Research*)。在入职文纳特卡的次年，华虚朋出版了他在旧金山州立师范学校完成的《普通科学》(*Common Science*)一书，该书的基础就是数百名小学高年级学生感兴趣的2000个科学问题。② 在入职以后，华虚朋很快发现了玛贝尔·沃格尔（Mabel Vogel，她是华虚朋欧洲旅行四人组的成员之一），安排她脱离教学岗位专司研究之职，后来又鼓励她去芝加哥大学学统计。之后几年，华虚朋和她合作进行了多次教育调查。比如，他们基于36750名学生在读什么书、喜欢读什么书上的

① Carleton W. Washburne. Educational Measurement as a Key to Individual Instruction and Promotions. *Journal of Educational Research*, 1922, 5(3), pp. 195-206.

② Carleton W. Washburne. *Common Science*. Yonkers-on-Hudson, NY: World Book Company, 1920, p. v.

调查结果，给三至十年级、八至十三岁儿童有针对性地推荐阅读书目。① 总之，文纳特卡教育实验，始终有浓厚的科学色彩。当华虚朋开始在进步教育运动中崭露头角的时候，他的科学取向客观上促成了这场运动的转向。

华虚朋还有一项工作与进步教育高度相关。在他领导下，文纳特卡最古老的学校霍勒斯·曼恩学校在1940年重建并更名为乌鸦岛学校。次年，5位设计师联名在《建筑论坛》（*The Architectural Forum*）杂志上对学校做了专题报道。② 华虚朋在对学校规划的说明中写道："乌鸦岛学校最重要的特点是，它是一种教育哲学在建筑上的表达，在文纳特卡这种哲学本质上就是进步教育的哲学。"③ 学区活动部主任弗朗西斯·普雷斯勒（Frances Presler）将这所学校视为理想校园的典范："学校应该面向未来。学校不应该是完整的、完成的，以至于无法根据今后的需求做任何添加或调整。它应该让儿童和成人都感到有弹性，有改变的可能性。这是成长的种子。建筑的僵化也会束缚生长的潜能，伤害那些生活于其中的人们。"④ 乌鸦岛学校因其现代主义的建筑广受赞誉，是替代工厂式学校建筑的理想模式。⑤

---

① Carleton W. Washburne & Mabel Vogel. *Winnetka Grade Book List*. Chicago：American Library Association，1926.

② Eliel Saarinen，Eero Saarinen，Larry Ferkins，Todd Wheeler & Philip Will，Jr.. Crow Island School，Winnetka，Ill. *The Architectural Forum*，August，1941，pp. 79-92.

③ Carleton W. Washburne. Notes on Planning. *The Architectural Forum*，August，1941，p. 80.

④ Frances Presler. A Letter to the Architects. *The Architectural Forum*，August，1941，pp. 80-81.

⑤ 乌鸦岛学校目前仍在开办，可以从学校主页（http://www.winnetka36.org）上看到这所学校的面貌。

二、文纳特卡教育实验

文纳特卡位于密歇根湖西畔、芝加哥以北 20 英里处，1926 年时的人口总数约 10000 人。该地风景秀丽（文纳特卡这个地名在印第安语中的意思是“美丽的地方”），至今仍是美国房价前十的地区之一。华虚朋 1919 年赴任时，接手的是这里的三所公立学校，分别是霍勒斯·曼恩学校（Horace Mann School，K-8，始建于 1899 年）、格里利学校（Greeley School，K-6，始建于 1912 年）、斯科基学校（Skokie School，初中，始建于 1915 年），三所学校学生总数共约 1000 人（到 20 世纪 30 年代增长到 1800 人左右）。到 1921 年，为适应入学人数的增长，兴建了另一所初中。这所新建校被命名为斯科基学校，原先的斯科基学校遂改名为哈伯德·伍兹学校（Hubbard Woods School）。到 1940 年，霍勒斯·曼恩学校被拆除，在原地建造了著名的乌鸦岛学校（Crow Island School）。①

尽管存在通勤问题，但是据说在弗朗西斯·帕克学校在芝加哥北部建立起来（1901）以后，就已经有不少文纳特卡的家长把孩子送去那里读书了。学校董事会聘请华虚朋，就是希望本地的公立学校能够得到改善，而不必把教育上的一切期待都寄托在优质私立学校上。换句话说，在华虚朋开始他的实验工作以前，文纳特卡就已

① 本地另有一所公立高中，即新特里尔（New Trier）中学。高中不仅服务于本镇，归另一个学校董事会管理，不在华虚朋的职责范围内。

经有开展实验教育的基础了。① 华虚朋在文纳特卡的实验基于 4 项假设："每个儿童都有权掌握那些未来生活中有用的知识和技能；每个儿童都有权过一种自然、快乐、完满的童年生活；人类进步要依靠个体潜能的充分发展；人类社会的福祉要求在每个个体身上发展强烈的社会意识。"②（这正是本文一开始提及的蔡元培概括的那四条。）在华虚朋的领导下，文纳特卡公立学校根据这 4 项假设给学生提供了两大类课程，分别是共同要素的教学和团体活动与创造活动。

（一）共同要素的教学

华虚朋相信："如果某些知识或技能对几乎每个普通人都有必要，那么每个儿童就都应该得到机会去掌握它。在这方面，不应该有什么优良中差之分，而应该让每个儿童都真正掌握。众所周知，儿童彼此存在巨大差异，全体儿童或任何一群儿童明显不能在相同时间内、靠着相同的练习量来达到这种掌握程度，因此有必要为不

① Lora Townsend Dickinson. *The Story of Winnetka*. Winnetka，IL.：Winnetka Historical Society，1956，p. 132. 据这本书记载，和华虚朋同月抵达文纳特卡的还有佩里·史密斯（Perry Smith），他此行是来担任私立北岸乡村走读学校（North Shore Country Day School，男女合校，K-12）校长（实际任期 1919—1954）。二人当时还不知道对方的动态，但是二人都在中学时代就读过帕克领导的芝加哥学院，二人甚至还是邻桌。

② Carleton W. Washburne. The Philosophy of the Winnetka Curriculum. In Guy Montrose Whipple（Ed.）. *The Foundations and Technique of Curriculum Construction*，*Part I*：*Curriculum-Making*：*Past and Present*. Bloomington，IL.：Public School Publishing Company，1926，pp. 219-228. 本文中译本有王志成译的《文纳特卡制课程的哲学理论》，《上海教育》1930 年第 17 期；喻任声译的《文纳特卡课程的哲学基础》，《东方杂志》1933 年第 22 期。其中，喻任声在文末附注说，曾于数月前在美国访问文纳特卡并在华虚朋那里读到过这篇文章。

同儿童提供不同长度的时间和不同数量的个别化材料。"① 这里谈论的对几乎每个人都"有必要"的知识或技能，就是上述四项假设中提到的"有用"的知识或技能，华虚朋称之为"共同要素"，实际上指的就是传统学校科目中的若干要点（并非全部）。共同要素对绝大多数儿童都"有用""有必要"，所以要纳入全体儿童的必修课程。那些无须学校帮助也能学会的东西则不在此列。华虚朋相信，确定共同要素是一个"相对简单"的任务，科学研究会告诉我们社会生活对于各个学科领域提出了什么需求。他的分析方法与博比特的"活动分析"几乎如出一辙。到了 20 世纪 60 年代，人们在编制程序教材时还会重新拾起这一套方法。②

确定共同要素的内容范围只是第一步，接下来的教学方式改革才是关键。一般的集体教学方式，"在努力让不同能力水平的孩子，按照班级、年级保持统一队形来前进"③。伯克把这种传统教学方

① Carleton W. Washburne. The Philosophy of the Winnetka Curriculum. In Guy Montrose Whipple (Ed.). *The Foundations and Technique of Curriculum-Construction, Part I: Curriculum-Making: Past and Present*. Bloomington, IL.: Public School Publishing Company, 1926, pp. 219-228.

② "活动分析"和程序教材编制，都是"教育工程师"的工作。其中，在"活动分析"当中，"第一项任务就是发现构成男人和女人生活的各种活动，以及与这些活动相伴随的适当表现所必需的能力和个人素质。这些就是教育的目标。"（Franklin Bobbitt. *How to Make a Curriculum*. New York: Houghton Mifflin Company, 1924, p. 8.）程序教学相信："学好任何一个东西的整个过程必须分成很多很小的步子，强化则必须联结到每一个步子上的成就。"（［美］斯金纳：《学习的科学与教学机器》，载：普莱西、斯金纳著，刘范等译：《程序教学和教学机器》，人民教育出版社 1974 年版，第 65—81 页。）

③ Carleton W. Washburne & Myron M. Stearns. *New Schools in the Old World*. New York: The John Day Company, 1926, p. 22.

式称为“齐步走式的教学①”。伯克曾经这样描述传统学校：“校方预先规定学生要学什么，学习的范围、手段和工具，学习的方法、来源、标准以及学生追求的最终目标。一个拥有无数细节的复杂系统，包含各种主题、释义、摘要、笔记和实验任务，以及检验记忆准确性的考试、晋升、毕业、学位，迫使学生长期接受讲授和进行背诵。在整个过程中，学生只是一个个机械的自动机，唯一的目的是以一种能得到指导教师认可的方式完成确定的任务。学生可能拥有的最高美德是顺从，以至于外部力量在作用于他时不会发生丝毫阻滞。在这里，这个假定的自动机没有机会成为自身命运的塑造者。”② 在这种“齐步走式的教学”当中，一班学生必定会形成“优良中差之分”，连带着造成儿童时间和才能的巨大浪费。有鉴于此，在共同要素的教学上，华虚朋采用了个别化教学，以打破“齐步走式的教学”。这通过 5 个步骤来实现：

第一，在某个学科领域内确定要学习的具体主题。这些主题被作为成绩单元排列出来，随即被视为目标。

第二，就每个成绩单元设计针对性的诊断测验。每个教学步骤都进行测验，目的是确定每个儿童在哪里需要帮助。每一道测验题都有相对应的解释，以及配套的补充练习。在进一步学习之前，学生要达到百分之百的掌握程度。

第三，提供多套练习材料、模拟测验以及终结测验，让那些需要额外练习的儿童也可以获得相应的材料。如果初次测验就能通

---

① Frederic Burk. *Lock-Step Schooling and a Remedy*：*The Fundamental Evils and Handicaps of Class Instruction*；*and A Report of Progress in the Construction of an Individual System*. State Normal School at San Francisco，Monograph Series A，1913.

② Frederic Burk. Education by Dynamism. *Journal of the Association of Collegiate Alumnae*，1917，11(4)，pp. 217-225.

过，则表明这个儿童已经掌握了，可以跳过这部分额外的教学材料。在各种测验当中，儿童自己对照答案批改练习材料和模拟测验，教师只负责批改终结测验。

第四，每个成绩单元都提供自习指导，自习指导匹配儿童程度，在表述上力求简单明了。课业被打散，确保每个步骤只包含一个新的难点。每个步骤都配套不同的练习材料，儿童自己练习、自己批改。

第五，在每个学科上，每个儿童根据自己对该学科目标的掌握程度来升级。每个年级、每个学科要达成的目标都登录在不同的卡片上，形成一个专门的簿记系统（目标卡）。单个儿童每完成一个小目标，就会在相应卡片上登记自己完成的日期。

每个年级的课程，按照“迟缓、正常、勤奋”三种水平儿童能达到的目标来组织，最终是为了让学生在规定年限内学完规定的课程。各类个别化教学材料，都由华虚朋及其同事自编完成。这些材料最初是油印的，1932 年成立文纳特卡教育出版社以后，一些个别化教学材料开始成为商业出版物。① 对于学得特别快和学得特别慢的学生，文纳特卡有专门的应对方案：如果一个学生在所有科目上都学得很快，教师会允许他进入下一个年级，或者让他投入更多时间在社会研究或其他附加活动上。学得特别慢的学生，不会“不及格”甚至“留级”，因为如果没有完全掌握现在学的单元，学生根本没有机会开始新单元。这部分速度慢的学生，可能会在某一年级课程上比别的同学花更多时间，但是不会留级、重复学一整年——他在持续地学习新内容，只是进度比较缓慢。学得慢的学生仍可参与相应年龄组的团体活动。学生在校期间，轮换学习不同科

① 这些出版物包括文纳特卡个别阅读、个别算术、功能语法等系列，都由华虚朋与同事联合署名出版。

目，比如阅读之后是算术，算术之后是拼写。教师在不同学科中的作用不尽相同，但总的来说不是进行集体教学。文纳特卡早期几乎完全排除了集体教学，只在高年级算术和英语上保留了一点。到了20世纪30年代，集体教学的应用在高年级开始增多。

针对共同要素的个别化教学，不是一套固定不变的方案。从20年代开始，华虚朋就开始和同事们一道修改共同要素的教学。具体的修改有很多，华虚朋在40年代将其概括为“功能化学习”：“在我们的文化中，所有人都需要掌握一系列共同要素以维持他们的社会关系。其中的许多仅仅生活在这个文化之中就可以获得，但也有许多要根据其相对价值来进行选择，需要有计划、有支持、有指导的学习。所有儿童都渴望学习，都渴望系统地了解这个世界。但是，学习和系统都必须与儿童的生活和经验建立功能性联系。”①我们已经知道，早期的共同要素教学努力的方向是允许学生自定步调，以打破齐步走的作风。在当时，学习的内容范围是成人预先规定的，单元之间的联系、单元内容与儿童已有经验的联系都不受重视。华虚朋说的“功能化学习”是对这种做法的一个补充：共同要素的内容范围仍旧由成人规定，但是吸收了杜威、克伯屈等人的教育理念。在系统学习某个主题以前，儿童会在帮助下了解为什么需要这项知识或技能，共同要素因此可以与真实情境、与儿童生活更紧密地联系起来。华虚朋的概括是：“学习必须功能化，就是说学习必须从经验中生长出来，这些经验对于一个完整的、发展的有机体来说是有意义的、重要的。”② 在共同要素的教学上的这种进化，是文纳特卡教育实验开放性的一个例证。

---

①② Carleton W. Washburne. *A Living Philosophy of Education*. New York：The John Day Company，1940，pp. 285，270.

（二）团体活动与创造活动

文纳特卡最初并没有团体活动与创造活动，只是因为个别化教学消灭了传统班级教学中的时间浪费现象，才出现了用来安排活动课程的时间。最终，团体活动和创造活动每天占据的时间，与基础学科的系统教学旗鼓相当。所以说，在活动课程的安排上，文纳特卡也发生了某种进化。关于团体活动与创造活动，还有一项反复被人提及但是无法证实的理由：这很可能受益于华虚朋 1922—1923 年的那次欧洲教育考察。这次考察当中的一些见闻让他更确信，此类活动的确可以让学生更加积极主动、独立自强。（参见本文第三部分。）

文纳特卡的活动课程有时以小组为单位，但是多数时候以整个班级为单位。活动项目持续一个月到四五个月，在这期间学生们每天都会投入一两个小时的活动时间。在此事上，华虚朋多次提及学校的一位三年级教师弗朗西斯·普雷斯勒（此前曾在弗朗西斯·帕克学校任教，是华虚朋 1930—1931 年亚欧教育考察之旅的同伴之一，曾在上海工部局小学演讲，陈鹤琴任现场翻译）。华虚朋发现她有组织这类活动的才能，于是把她调离出来担任活动部主任，专门负责帮助全体教师设计此类活动。与一般进步教育学校为保护自发性、不干预活动选择和设计的做法不同，文纳特卡有一整套办法去激励和引导团体活动与创造活动。①

第一，确定工作单元。这些单元应是最可能激发儿童想象力、最可能产生各种合作，并且有广泛的阅读和说明材料、可以形成日益丰富和复杂的社会经验的那些。单元可以从社会科、文

① Carleton W. Washburne & Sidney P. Marland. *Winnetka：The History and Significance of An Educational Experiment*. Englewood Cliffs，NJ：Prentice Hall，1963，pp. 135-139.

学、科学或者儿童自身的经验中来。在小学的 6 个年级当中，文纳特卡经常选用的单元包括：一年级的“农场和社区生活”（比如，农场、花园、邮局、商店、消防站）、二年级的“原始生活”（比如印第安人、因纽特人）、三年级的“农夫生活”（例如荷兰、日本、瑞士等地的农夫，或维京人）、四年级的“世界史开端”（比如星辰、史前动物、洞穴人、埃及）、五年级的“早期文明”（比如希腊神话、希腊生活、佛陀故事）以及六年级的“中世纪生活”（比如行会、罗宾汉、天主教、文艺复兴）。当然，可选择的单元范围并不限于这些，教师被鼓励根据自己和学生的兴趣自由选择。

第二，让学生们充分熟悉选定的单元。在可能的情况下，学生们可以获得直接经验，比如一年级学生可以去农场远足或者去邮局参观。学生们也可以用间接的方式获得经验，比如研究木鞋、荷兰传统服饰、从各自家里收集来的相关物品等，或者参观博物馆。更主要的经验获得方式是借助各种图片。每选定一个新主题，教师都会提供大量图片。最后，阅读也是一个重要的手段，可能是孩子们自己读，也可能是教师大声读给孩子们听。

第三，允许学生们自己安排活动形式。在这个过程中，教师可以和他们一起讨论。这样，教师就可以通过自己的赞许或质疑，帮助孩子们规避过分宏大或者琐碎的设想了。

第四，让学生们了解整个事情的全部细节，不论是戏剧、建造还是其他。在项目的计划和执行过程中，教师始终是向导、智者和朋友。他要设法引出每个孩子身上的创造潜能，帮助这些孩子合作共事。教师同时也要准备好在必要时为孩子们提供物资。为了获得丰富而有活力的经验，一定的时间投入是必要的，过快和过于浅薄的结论是活动的最大敌人。

尽管强调学生的自发性和教师的自由选择，但是各个活动项目之间仍有共同点①：第一，这些项目都要求一定的知识或经验基础，这可能来自校外旅行、视觉辅助（比如幻灯片、挂图、影片），也可能来自阅读和讨论。第二，这些项目都没有学科边界。第三，在进行这些项目时，教师并不想要教什么具体技能或者让学生了解什么具体事实。这期间尽管也会发生一些杜威所说的“随附的学习②”（collateral learning），但是不同于克伯屈的项目式学习，这些随附的学习不是项目的首要目的。第四，项目中存在大量创造活动，正是它们推动了整个项目的进展。第五，这些项目是合作式的。第六，学生在学校学的东西都可能用得上，阅读、计算、写作、艺术、音乐，以及诸如社会研究、科学、文学，等等。这些项目不会被强行纳入某个学科，但是这些学科里学的东西常常能用得上。第七，这些项目在某种意义上也是个人化的，因为每个人都可以贡献自己的独特才能、兴趣和观点。

在文纳特卡，团体活动和创造活动“是课程中至关重要的、能赋予其生命的部分。它们是真正的教育。让儿童掌握读写算固然很重要，但那还只是训练。教育包含把儿童身上那个真正的自己牵引

① Carleton W. Washburne & Sidney P. Marland. *Winnetka*: *The History and Significance of An Educational Experiment*. Englewood Cliffs，NJ: Prentice Hall，1963，p. 94.

② 杜威在《经验与教育》中提到了“随附的学习”：“也许，在一切教育的谬误当中，最大的错误主张就是，人们在学习的时候，所习得的只限于当时他学习的特定事物。随附的学习，如恒久不变的态度，喜好或厌恶的情绪，比起所学习的拼字的功课，或者地理或历史的功课，或许、而且经常都重要得多。”（参见［美］杜威著，单文经译注：《经验与教育》，联经出版事业股份有限公司 2015 年版，第 153 页。）

出来。正是为了这个目的，团体活动和创造活动才有必要。”① 这段话非常关键，从中透露了华虚朋在个性与群性问题上的选择。在《什么是进步教育》（*What is Progressive Education*）一书当中，华虚朋专门用一章讨论了纪律问题，认为服从纪律不是一件坏事："我们有一些长远目标，谋生、储蓄，满足周围人的需求或愿望，满足我们自己的娱乐、智力或身体需求。因为这些远大目标，我们会约束自己去做任何认为对实现这些目标有必要的事，而不管这些事情本身是不是轻松愉快。”② 换句话说，人常常强迫自己做一些当下不想做，但长远来看对自己有利的事。所以，重点不是当下的冲动，而是远见和自律。参与一些预先规划好的活动，在这个过程中调整自己当前的冲动和行为，以此换来团体目标的实现，这是培养自律、远见等品格的方式。③ 很明显，团体活动和创造活动可以给学生提供一种与个别化教学十分不同的经验。

（三）文纳特卡教育实验在中国

1928 年 7 月 20 日，商务印书馆发行的《教育杂志》第 20 卷第 7 号上的《文纳特卡制的大要》（作者李宏君），是目前我见到的第一篇介绍文纳特卡制的中文文章。同年，国立第一中山大学教育学研

① Carleton W. Washburne. *Adjusting the School to the Child*: *Practical First Step*. Yonkers-on-Hudson, NY.: World Book Company, 1932, p. 8. 中译本是［美］华虚朋著，龚启昌、沈冠群译：《文纳特卡新教学法（一名适应个性的教学法）》，中华书局 1936 年版。

② Carleton W. Washburne. *What is Progressive Education*. New York: The John Day Company, 1952, p. 51.

③ 英国安格利亚电视台（Anglia Television）1964 年出品的一部纪录片，介绍了夏山学校（创办于 1921 年）及其创办人尼尔（Alexander Neill）。这部纪录片的标题就是《活在当下：夏山自由学校》（*Here and Now*: *Summerhill Freedom School*）。尽管华虚朋深度介入欧洲新教育运动，但是他的立场与夏山学校这样的激进自由派的区别是非常明显的。

究所《教育研究》11 月号（第 7 期）上刊登了许崇清的《Winnetka System 与 Complex System》，这是国内教育哲学学者第一次介绍文纳特卡。对华虚朋及其文纳特卡教育实验展开更大规模的介绍和讨论，要等到 1931 年 2 月华虚朋访华前后。当时，开明书店《儿童教育》（第 3 卷第 5 号）、商务印书馆《教育杂志》（第 23 卷第 2 号）都出版了文纳特卡专号。其他诸如国立暨南大学教育学院《教育季刊》、大夏大学《大夏周刊》、中华书局《中华教育界》等陆续开始刊文。其间，“Winnetka”也间或被译作“温内家”“文乃德卡”。根据已收集的资料，首个访问文纳特卡和华虚朋的中国人可能是钱用和①。她在芝加哥大学卒业以后，曾和友人一道参观了“芬纳蒂加实验学校”。“华煦逢”母亲为她们准备了晚餐，二人留宿一晚，次日离开。游记中记载“欧洲各国固常有人来参观，东亚方面，则日本学生为多，中国学生到此尚属第一次也。”② 华虚朋访华时，国内政局已不同于 20 世纪 20 年代。并且，因为在过去一二十年间国内教育界先后介绍和实验过诸如分团制、葛雷制、哈沃特制、道尔顿制、设计教学法、德可乐利教学法等诸多新方案，此

① 钱用和（1898—1990），1922 年毕业于北京女子高等师范学校，后任江苏省立第三女子师范学校校长。1925 年赴美，先入芝加哥大学，后转入哥伦比亚大学，1929 年回国。自 1931 年以后，一直担任宋美龄的私人秘书。她对于文纳特卡的访问，具体时间不详。但是，因为发生在自芝加哥大学卒业以后，且她在纽约盘桓之后还曾去欧洲游历，所以可以推算这次访问的时间至迟也应当在 1928 年以前。

② 钱用和：《欧风美雨》，新纪元书店 1930 年版，第 115 页。（该文另收录于钱用和：《钱用和回忆录》，东方出版社 2011 年版，第 175—270 页。）1931 年 2 月 15 日晚，上海各教育团体招待华虚朋及妻女一行，钱用和也在席上。事后，她应邀在《中华教育界》上发表了《欧风美雨》中的这篇游记（钱用和：《参观文纳特卡学校之报告及华虚朋博士到华后之感想》，《中华教育界》1931 年第 2 期）。

时教育界对于新方案的热情已经大不如前①。尽管如此，仍有几所学校尝试吸收文纳特卡的办学经验，分头进行了实验。

1. 1931 年秋，太原国民师范附属小学的两位教师，在自己执教的五、六年级共两个班进行了为期一学期的实验。② 在实验期间，课程表分上、下午重新编定。其中，每天上午排 4 节课，进行共同要素的教学，涉及学科有国语、算术、历史、地理、作文、讲演、自然、音乐、美术、游戏、手工、卫生、国术、党义。下午分 5 个时段进行团体活动和创造活动，其中一周的内容安排包括纪念周会、看故事、做日记、整理笔记、看书、看报、抄文、为周报作稿、学艺比赛、复习算术、讲演、讨论拒毒、童子军会操、打网球、比赛篮球、做木工、表演、唱乐歌、参观、开自治会、开批评会、洗澡等。共同要素的教学，采取学生自学为主的方式。实验过程中，两位教师设计了“工作预定表”“个人工作进度表”“考核单”（用于共同要素部分）以及“态度表”（用于活动部分）。

国师附小实验得出了 3 项结论③：“（1）文纳特卡制能容纳不同年级的儿童，恰当可以代替复式教学法，并可适用于乡村的多式制度；（2）文纳特卡制学出来的成绩较普通制度优良，且能适应个别，使他们所学的成绩无论任何人相同；（3）文纳特卡制所学的东西，是儿童自己需要乐于从事的，学出来的东西，所以印象也深，观念相同。”报告还评论说，因为学习功课的时间是学生自己确定

① “近二十年中，欧美的新思潮，直向文化缓进的我国，奔腾澎湃而来，一般学者莫不厌故喜新，改头换面，竞以欧美的新制度新方法相标榜……这种现象，在好的方面讲，截长补短，适应潮流；在坏的方面讲，张冠李戴，不切实用。”（王志成：《文纳特卡制所含的教育原则》，《儿童教育》1931 年第 5 期）。

②③ 李明生：《文纳特卡制实验报告》，太原：新晋书社 1933 年版，第 87—88 页。

的，结果“他们的功课真是学一步算一步，绝无苟且，师生间绝没有欺骗的行为”①。

总体来看，国师附小实验是两位教师以一己之力完成的，非常了不起。但是，仅就实验报告的内容来看，还有一些重要缺失。第一，文纳特卡有大量教师自编教材，可供学生自学、练习、测验，国师附小实验完全没有自编教材。第二，文纳特卡高度重视测验，包含诊断测验和终结测验。其中，诊断测验可以交由学生自己批改，且每一道题都配有相应的解释。如果学生没有答出来，还有配套的补充练习。国师附小实验缺乏这类测验，使用的“考核单”也完全不同于文纳特卡的测验工具。第三，国师附小实验仅持续一学期，对于实验效果（学生成绩和社会性发展）的报告也仅提供判断，没有提供相关数据。第四，在实验报告最末一段，作者写道：“文纳特卡制的教育方法，就是转移儿童的心向，不管他们的兴趣如何必须绝对的让儿童达到他已定的最低标准。如果达不到，就不让他去再进一步的学习。尤以儿童的智慧不齐，打破班级的共学共进，变为共学异进的方法，可说是空前的一个教育方法。”②这段话本身并没有说错，但是只评论了个别化教学，没有触及团体活动和创造活动的部分，对于文纳特卡在两类课程关系问题上的独特处理也没有检验。

2. 1932 年，厦门大学附属实验小学教师侯国光③，在自己执教的五年级社会科进行了为期一年的实验（已出版的报告，仅报告

①② 李明生：《文纳特卡制实验报告》，太原：新晋书社 1933 年版，第 86、286 页。

③ 侯国光当时是厦门大学教育学院教育心理学系大三学生，修读过钟鲁斋的“教育科学研究”一课（原名“实验教育”），遂在后者指导下开展实验。

前一个学期的实验)。① 后来，实验进一步扩展，覆盖了同年级的国语和自然科。厦大附小实验采取"等组法"设计，把五年级学生对半分成能力、程度相当的实验组和对照组。实验中采用了一系列测验，来判定实验组与对照组的程度。其中，初测工具包括陈鹤琴"图形智力测验量表"甲第一类、"默读测验量表"甲第一类，俞子夷"小学社会自然测验量表"甲第一类。复测工具包括陈鹤琴"默读测验量表"甲第三类、俞子夷"小学社会自然测验量表"第二类。这次实验主要涉及文纳特卡的个别教学法，没有涉及团体活动和创造活动部分。并且，实验过程中仍旧使用旧教材，没有自编教材。实验班采取自学加诊断测验（每周五下午花半个小时测验）的办法学习，教师不再开堂授课。实验者编制了两种表格，分别是"学生成绩记录表"和"学生通过测验时日记录表"。

厦大附小实验的结论认为，文纳特卡制有 5 个优点：

（1）更能够发展个性，使人各尽其能力。聪明者进步快，可更早读完功课，不会像班级教学环境那样受迟缓者的牵掣。迟缓者也能各尽全力，不会像班级教学环境那样，因为考试失败而灰心丧气。

（2）时间上更经济。聪明者学完必修内容后，可以利用省下的时间读别的补充教材。迟缓者也不至于像在班级教学环境中那样，因为不能升班就重读一年或半年。

（3）学生更加努力。在班级教学环境下，聪明者常常觉得功课太容易，于是随便读读、不肯用功。迟缓者常常觉得功课太难，容易对学业感到绝望，甚至于自暴自弃。

（4）有利于自主性和创造力的养成。

① 钟鲁斋、侯国光：《文纳特卡制实验报告》，《厦门大学学报》1934 年第 2 期。报告另收录于钟鲁斋：《教育之科学研究法》，商务印书馆 1935 年版，第 322—357 页。

（5）师生关系更亲密。因为是学生自学、教师指导，结果师生相互接触的机会增多，学生更能感受到教师作为帮助者的角色。

厦大附小实验也报告了文纳特卡制的一些缺点：

（1）关于学生能不能得到系统的知识，教师普遍存疑；

（2）除了学习材料，学生无法得到教师口授时可以随时补充的课外知识；

（3）对于一些特殊的知识点来说，必须教师讲授，无法自学；

（4）低年级学生缺乏自学能力。

与国师附小实验相比，厦大附小实验应用了更多测验工具，且实验报告也更加规范。但是，厦大附小实验虽声称要实验文纳特卡方法，却做了大幅简化甚至更改。钟鲁斋在报告中自陈"此次实验有许多缺点"，比如学生没有自学的教室、只有用图书室替代，字典、图书、挂图之类的参考资料不充足，测验工具陈旧，没有自编课本等等。无论如何，这是当日文纳特卡实验中唯一一个有大学教师指导的案例。值得补充的一个信息是，1931 年 2 月 15 日下午 3 时，华虚朋在华东基督教教育会演讲时的现场翻译就是时任沪江大学教授的钟鲁斋（演讲题目是《精神卫生与儿童教育》）。钟鲁斋本人也曾在 1931 年 2 月 20 日出版的《教育杂志》上刊文介绍文纳特卡教育实验。①

3. 1933 年，河南省立开封第二小学三、四年级教师郑匡华（国语）、郭矩生（常识）、刘静阁（自然）在自己任教的学科上进行了为期一年的实验。② 其中，前一个学期三科并进，第二个学期仅在国语科继续。实验报告记载："（我们）感到刻板式的教学，实

① 钟鲁斋：《华虚朋氏与文纳特卡制》，《教育杂志》1931 年第 2 期。

② 郑匡华：《省立开封二小中级文纳特卡制文艺科实验报告》，《河南教育月刊》1934 年第 7、8、9、10 期。

在太乏味了，就把儿童教育和教育杂志上面所介绍的主张个别学习的文纳特卡制抬出，做平常谈话的资料，我们实验本制的‘动机’，就从这时引起的。”这里提到的《儿童教育》和《教育杂志》，就是上文提及的华虚朋来华前后出版的文纳特卡专号。开封二小实验仍旧选用现成课本，没有自编教材。以国语为例，在实验的第一学期要求学生准备两本程度相近的课本。具体来说，第一团（四下）用《新主义教科书国语》第八册（世界）、《新中华教科书国语》第八册（中华），第二团（四上）用《新主义教科书国语》第七册（世界）、《新主义教科书国语》第七册（中华），第三团（三下）用《基本教科书国语》第六册（商务）、《新主义教科书国语》第六册（世界）。第二学期更改了实验方案，只要求学生准备一本课本。实验期间仍保留而没有废弃日程表。学生在此期间的学习内容包含课内精读、笔记、作文、作法研究、书法练习、话法研究、课外阅读、书信以及日记、大小字等。

实验过程中三位教师计划参照俞子夷“默读测验”编制自己的阅读测验，但是最终是否编制完成未见报道。开封二小实验设计的表格包括：“我的读书工作次序表”（学生在读书尤其是精读时可以依次完成的事项列表）、“我的成绩记分表”（学生自用的记分表）、“作业成绩进度记载表”（供教师了解学生进度、督促学生用）、“团体成绩升降表”（除单元自测外，在班级测验中使用该表）、“日常成绩考查记载表”（教师使用）以及“阅读登记表”。

开封二小实验“所感到的困难，主要的为读书工具不完备，考验材料不详尽妥善，因之结果做得不圆满，甚而至于‘大部失败’!”①但是，具体哪些地方失败、哪些地方成功，并未见报道。可以肯定

① 郑匡华：《省立二小四下国语实验文纳特卡制的改进计划》，《开封实验教育》1934 年第 6 期。

的是，学生自学所需参考资料相当匮乏。在这个部分，教师仅可提供本单元的内容、问题及注意事项，到第二学期才加上附加教材，同时提供辞典、辞源作为参考书。在开封二小实验期间，教师也安排了一些辅助学科学习的活动，比如“朗读会”“检字比赛会”“书法指导”以及“作法指导”。但是，文纳特卡实验中的团体活动与创造活动在开封二小实验中完全未见涉及。同样，该实验也没有自编教材、缺少测验工具。

厦大附小实验、国师附小实验以及开封二小实验，前两者都发生在大学的附设小学。这类附设小学和实验小学一道，是当时国内开展教育实验、传播教育经验的重要平台。这 3 处实验，是国人对文纳特卡教育实验的几次检验，为我们判断文纳特卡制的优缺点提供了本土依据。当然，囿于当日条件，3 项实验有一些共同的缺憾。

第一，实验条件普遍不足。钱用和在参观文纳特卡时就有这样的感慨：“芬纳蒂加学校虽系小学及初中；而校舍建筑之宏广，设备之完善，实为吾国中小学所望尘莫及。幼稚园中，有小厨房，小浴堂，小饭厅，小寝室，小运动场，俨若一小人国也。中学校有大礼堂，图书馆，音乐室等，装饰精美……”① 上述 3 项实验，都苦于没有相应的条件，无论是场地还是图书资料都非常匮乏。众多儿童聚集在一间屋子内，同时又缺乏相应的文字和影像资料，这样的条件如何开展自学呢！文纳特卡在 1932 年成立了教育出版社，以印行个性化教学材料为主业，其盈利一度可以反哺学区的办学。上述 3 项实验都没有条件自编教材，专用出版社就更是不敢奢望了。当然，因为没有自编教材，所以 3 项实验严格来看都很难说是文纳特卡的。

第二，规模小、周期短。3 项实验实际上都不是学校规模的实验，而是班级或年级水平上的实验，实验周期最长的一次也只维持

---

① 钱用和：《欧风美雨》，新纪元书店 1930 年版，第 126 页。

一年。除了上述3家以外，公开报道中还可以看到一份周期更短的实验：1934年，大夏大学附设乡村实验小学曾在董任坚指导下，由黄纶书负责进行过为期两周的文纳特卡教育实验。① 因为规模和实验周期的问题，相关实验结论都没有什么说服力。据此评判文纳特卡制的效果和对中国学生的适用性，实际上言之过早。

第三，普遍存在观念混淆。上述3项实验，均只实验了文纳特卡的个别化教学法，忽略了文纳特卡的活动课程，因此也不能把握文纳特卡在调和个性与群性上的完整用意。更糟糕的是，实验者把文纳特卡与道尔顿制混为一谈。要知道，道尔顿制是一个管理工具、完全不必改变课程本身；文纳特卡则完全采用自编教材，辅以教学方式的变革。因此，尽管二者都给学生提供时间上的自由，但是二者的精神内核和具体措施是完全不同的。实验者还把文纳特卡与设计教学法混为一谈。可是，设计教学法放弃了成人规划的课程，一切依靠项目活动中的机遇式学习；文纳特卡教育则有非常确定的共同要素范围，而且要求每个学生掌握得充分、完整；文纳特卡也有活动，但活动不是学习共同要素的工具。关于这两组对比，华虚朋本人在不同地方做过解说。国内实验者显然忽略了其间的重大差异，结果以个别化教学来替代文纳特卡教育实验。② 附带提一下：福建省立福州实验小学也曾计划做文纳特卡实验，但是声称要把文纳特卡与德可乐利、设计教学融合起来实行。③

① 周鼎华：《介绍文纳特卡制的小实验》，《进修半月刊》1934年第5期。

② 1924年1月，国民党第一次代表大会宣言把“厉行教育普及，以全力发展儿童本位之教育”列入政纲（对内政策第十四条）。考虑到这一背景，20世纪20—30年代的众多教育实验把儿童本位当作风尚是不足为怪的。

③ 王秀南、梁士杰：《一年来之省立福州实验小学》，《福建教育》1936年第10—12期。梁士杰的《新教育方法概观》一书在介绍华虚朋的教育实验时，章节名称就是“实施个性教育的文纳特卡制”。

（四）小结

本节开头部分引用了华虚朋在 1926 年概括的文纳特卡教育实验的四项基本假设，它们也被称作文纳特卡课程的哲学基础。① 这四项基本假设或哲学基础，被蔡元培概括为“调和”个性与群性的一种努力。华虚朋在众多作品当中，对这一点以不同方式反复做了表达。这些表述始终贯穿着同一个主题，表明调和个性与群性是华虚朋毕生的教育追求。上文概述的“共同要素的教学”和“团体活动与创造活动”，分别代表了华虚朋在“个性”与“群性”上的努力。以下是他在这个主题上的几个重要表述：

一、1924 年的表述：“个体的充分发展至少包含 3 个阶段的工作：他必须掌握常用的技能和知识；必须给他一个表现自己个性的机会，也就是去做创造性的工作；必须让他意识到自己是社会有机体的一部分。”② 在文章结尾部分，华虚朋写道：“文纳特卡学校正在努力使每个孩子都得到全面发展，让他掌握共同要素，让他有机会通过各种渠道自由表达自己，让他练习以合作的方式做事。这 3 个方面的努力使我们的学校生活变得愉快和人性化，而不是沉闷和机械化。这是教育之春的标志。”

二、1940 年的表述：“我们讨论了把每个孩子培养成一个健康快乐的人的目标，让他身体康健和情感调适，从而过上让人满意的生活。我们讨论了承认每个孩子都是独特个体的必要性，因此要认

---

① Carleton W. Washburne. The Philosophy of the Winnetka Curriculum. In Guy M. Whipple（Ed.）. *The Foundations and Technique of Curriculum-Construction，Part I：Curriculum-Making：Past and Present*. Bloomington，IL.：Public School Publishing Company，1926，pp. 219-228.

② Carleton W. Washburne. The Winnetka System. *Progressive Education*：*Progressive Education*：*A Quarterly Review of the Newer Tendencies in Education*，1924，1(1)，11-13.

可他的基本发展模式可能不同于其他所有个体，与这个模式相关的所有行为为什么对他的情感调适、闲暇生活、职业定位以及对社会进步做出贡献都是重要的。我们接着讨论了如何帮助每个儿童具备生活的基本的概念、知识、技能和习惯，以便让他们能够与他人有效交往，这是他在社会有机体中发挥作用的手段。现在，我们准备讨论能给予他社会融合的这方面教育——我们发现这是他对心理健康的基本需求之一，这将使他想为社会进步贡献他独特的个人力量，并将为他的社会互动提供动力和意义。”①

三、1952 年的表述：“进步学校关注的是儿童全方位的发展。它希望儿童有效掌握那些今后生活中需要的东西。它希望儿童拥有一个健康的体魄。它希望儿童是一个快乐的、健全的人——因此，也高度关注儿童的情绪调适（可以不太恰当地称之为‘精神卫生’）。它希望儿童成为自己，发展自己的独特性、自己的独特能力。它希望儿童发展品格，自律、远见和社会意识。它希望儿童成为一个合作的、负责任的社会成员——无论是他的家庭、学校、社区、国家，乃至整个世界。在每个孩子身上建立起对所有人的福祉负责任的感觉，以及履行其广泛社会责任的意愿、知识和能力，这些是进步学校努力要取得的最重要的成果。”②

在确立了“个性”与“群性”这两个主题在文纳特卡教育实验中的重要地位以后，我们就可以着手总结这两个部分之间的关系问题了。上文的概述已经表明，“共同要素的教学”和“团体活动与创造活动”，是文纳特卡课程的两个组成部分。但是，我们要谨记于心的是，在文纳特卡这两部分是没有直接联系的。除少数例外情

① Carleton W. Washburne. *A Living Philosophy of Education*. New York：The John Day Company，1940，p. 373.

② Carleton W. Washburne. *What is Progressive Education*. New York：The John Day Company，1952，p. 92.

况，团体活动与创造活动都不是为了服务于对共同要素的学习。换句话说，这些活动有其自身用意，而不像设计教学法中的活动那样，被作为一种教学手段。“在文纳特卡，我们刻意努力发展儿童的社会意识。每天上午的一半和下午的一半，都用来进行团体活动与创造活动。这些活动并不会被打分，不是为了教什么知识或技能，知识或技能会在一天里的其他时间利用个别化技术来处理。这些活动并不影响学生升级，唯一的目的是发展他们的个性和培养社会意识。”① 务必注意：这两个部分的隔离是刻意为之的。

从团体和创造活动这一侧来说，如果要结合具体的学习内容，就很难真正体现儿童的自发兴趣，活动就很容易被教师的意图所扭曲甚至掌控。从共同要素这一侧来说，如果共同要素的教学寄希望于活动，那就很容易丧失系统性，极端情况下甚至会出现挂一漏万的状况。华虚朋写道：“在我们头脑中有一条明确的分界线，明确区分以传授知识来发展日后生活所需技能为目的的活动，和更有儿童味的那种以活动本身为目的的活动。这条分界线防止我们把各种认为有必要的学科知识‘掺’进去，从而破坏童年时代的各种团体活动和创造活动。这也让我们有可能集中精力用最有效的办法来训练孩子们掌握今后需要的知识和技能。”② 为了反抗传统注入式教学就否定各个学习领域的内在秩序，因为在乎即时生成的课程就放弃科学的课程设计，这在华虚朋看来是一种过度反应。③

---

① Carleton W. Washburne & Myron M. Stearns. *Better Schools*: *A View of Progressive Education in American Public Schools*. New York: The John Day Company, 1928, p. 173.

② Carleton W. Washburne. Social and Individual Work in Winnetka. *Progressive Education*, 1925, 2(3), pp. 146-148.

③ Carleton W. Washburne. *A Living Philosophy of Education*. New York: The John Day Company, 1940, p. 287.

刻意不联系两类课程，目的是保留两类课程各自的优势，并且反而成了一种整合社会中心教育精华和个人中心教育精华的办法。实际上，正是因为个别化教学在学校生活中占据巨大比重，所以格外需要通过独立的团体活动来发展儿童的社会性："通过个别化的技术，可以允许儿童不走寻常路，允许他们发现自己的天分和才能。因此，这也就有可能鼓励自我表现，给儿童更大的自由。但是，这样的自我表现需要激励、指导和社会化。为了这个理由，认真组织以激发创造性工作的材料、设计严密的群体活动就是有必要的了。儿童需要了解正在做的事情的社会价值。他们在活动中需要合作。每个儿童都要学会为集体事务贡献自己的独特兴趣和独特技能。"① 在华虚朋这里，学科课程和活动课程的分离不是一个缺陷，而是一项了不起的成就："团体活动和创造活动与根据时间表进行的个别学习的分离，是人们批评文纳特卡教育的主要原因。然而，正是这种功能上的差异，使每个孩子都能以自己的速度在其发展的适当阶段掌握基本技能，同时又为团体活动和创造活动提供了时间和机遇，免受学习的那种内在机械性的阻碍。"②

华虚朋写道："肆意压制个人化的反应，往往会导致怨恨、冲突、不适应或寻求其他可能最终被证明为不可取的出口。但是，帮助一个人重新调整他的精力，使之对环境的反应不会引起与他自己的愿望相冲突的反馈——包括他对社会认可的渴望——这恰恰是作

① Carleton W. Washburne. *Adjusting the School to the Child*：*Practical First Step*. Yonkers-on-Hudson，NY：World Book Company，1932，p. 135.

② Carleton W. Washburne & Sidney P. Marland. *Winnetka*：*The History and Significance of an Educational Experiment*. Englewood Cliffs，NJ：Prentice Hall，1963，pp. 106-107.

为教育者的家长或教师的职责。”① 可以确定地说，华虚朋对于那种“随心所欲”（do as you please）② 式的、依靠“机遇式学习”（accidental learning）的教育是不以为然的。所以，文纳特卡课程内部两个板块间的刻意隔离，恰恰是文纳特卡教育的一项独特且智慧的设计。把文纳特卡教育理解为儿童中心教育，或者把它理解为社会中心教育，都是误解。

三、华虚朋的教育考察

华虚朋在担任文纳特卡学监期间，多次对美国及各大洲教育状况进行系统考察并留下了大量考察报告。两项工作相得益彰，让华虚朋既有长期稳定的教育实验场所，又可以克服自我设限和眼界狭隘的毛病，让他在整个近代教育史上都成为独一无二的人物。（仅就我目力所及，若论教育考察经验之丰富程度，华虚朋在近现代教育家中完全可以独占鳌头。）华虚朋在“自传”中写道：“我终生对他乡的文化、风俗和思想抱有兴趣，以至于让我总有一种旅行的冲动。妻子也是这样，她和我分享了所有的国外经历。”③ 下文介绍的 4 段教育考察，还只是华虚朋人生履历中的一部分。他对于路易斯安那公立学校的调查、在意大利主持教育复建的经历、对于南美 5 国的教育调查，以及在澳大利亚、柬埔寨、西班牙、非洲西海岸等地的访问所得，本文暂付阙如。接下来呈现的，是他为当时欧亚数

---

① Carleton W. Washburne. *A Living Philosophy of Education*. New York：The John Day Company，1940，p. 117.

② Carleton W. Washburne. *What is Progressive Education*. New York：The John Day Company，1952，p. 7.

③ Carleton W. Washburne. An Autobiographical Sketch. In Robert J. Havighurst (Ed.). *Leaders in American Education*. Chicago，Ill.：The University of Chicago Press，1971，pp. 457-481.

国（包括中国）教育思想和教育实践状况留下的几份珍贵记录。

（一）《欧洲新学校》（1926）

1922年11月至1923年1月，在文纳特卡学校董事会的支持下，华虚朋进行了一次为期三个月的欧洲教育考察。同行者除了妻子以外，还有文纳特卡的两位同事，分别是弗洛伦斯·布雷特（Florence Brett）和玛贝尔·沃格尔（Mabel Vogel）。（弗洛伦斯·布雷特也是华虚朋1930年那场教育考察的同行者，玛贝尔·沃格尔后来是文纳特卡的测评专家，与华虚朋合作出版了多部作品。）他们每到一个国家，就访问当地知名的教育者，然后再从他们那里打探该国最能代表进步教育思想的学校。用这种滚雪球式的办法，他们访问了总计21所学校，包括英国的5所、比利时的4所、荷兰的3所、法国的2所、瑞士的3所、奥地利的1所、捷克斯洛伐克的2所以及德国的1所。归国后，华虚朋向美国内政部教育局提交了一份31页的报告。在报告中，华虚朋写道："我们的目的只是想找出这些教育实验背后的教育理念，这些理念总体来看是如何落实的，以及从私人角度说人们最关注的实验结果是什么。"① 这次教育考察的过程和收获，另外在《欧洲新学校》中做了更翔实的报告②。

《欧洲新学校》分12章介绍了12所分布在欧洲各地的进步学校（没有穷尽华虚朋一行到访过的全部学校），内容涉及欧洲八国，报告的学校包括：昂德尔学校（英国）、巴西特的学校（英国，即

① Carleton W. Washburne. *Progressive Tendencies in European Education*. Washington：Government Printing Office，1923，p. 2.

②《欧洲新学校》有过中译本：［美］华虚朋等著，唐现之译：《欧洲新学校》，中华书局1931年版。此外，同时期出版的另外两个中译本著作，也介绍了欧洲新教育的状况：［美］柯布著，崔载阳译：《新教育的原则及实际》，中华书局1933年版；［美］迈耶尔著，陈子明、方惇颐译：《现代欧洲教育家及其事业》，中华书局1935年版。

斯特里特姆山女子高中)、彼得莱斯学校(英国)、麦金德的学校(英国,即马尔伯勒幼儿学校)、奥尼尔的学校(英国)、德可乐利的学校(比利时)、博爱学校(荷兰)、库西内的学校(法国)、格拉里榭学校(瑞士)、汉堡的公立实验学校(德国)、克伦斯科孤儿院(捷克斯洛伐克)、巴库莱的学校(捷克斯洛伐克)。本书除了报告一行人的见闻,还重点把欧洲实验教育与美国的相关做法做了对比。比如,巴西特的学校对于道尔顿制的借鉴、麦金德的学校和文纳特卡在重新编制教材方面的比较、德可乐利学校经验在美国的传播、克伦斯科孤儿院与克伯屈设计教学法的比较、巴库莱的学校与美国手工训练课程和技工学校相比的优势等。

本书合作者迈伦·斯特恩斯(Myron M. Stearns)是一位美国记者,1906年毕业于斯坦福大学(华虚朋1912年从斯坦福大学毕业),当时在为《女士家庭杂志》(*The Ladies' Home Journal*)撰写儿童训练和发展方面的稿子,同时也为《星期六晚邮报》(*The Saturday Evening Post*)、《乡绅》(*The Country Gentleman*)、《科利尔周刊》(*Collier's Weekly*)、《妇女家庭良友》(*The Woman's Home Companion*)等期刊撰稿。华虚朋在二人合作的第二本书《更好的学校》"序言"中,介绍了二人结识与合作的经过:"五年前,本书作者学监卡尔顿·华虚朋和杂志作家迈伦·斯特恩斯在横渡大西洋的航线上结识了①。他们交换了彼此的看法,华虚朋表达了作为一名教育者和研究者的观点,斯特恩斯则表达了作为普通人对于教育的看法和批评,表达了他为了自己孩子对于更好的学校的渴望。他们合作的成果是一系列有关美国学校变革的杂志文章。在

① 在同一条航线上,华虚朋结识了另一位船友乔治·康兹(George Counts),从而促成了华虚朋的第一次苏联教育考察。详见:Carleton W. Washburne & Myron M. Stearns. *Better Schools: A View of Progressive Education in American Public Schools*. New York: The John Day Company, 1928, p. vii.

此期间，斯特恩斯在纽约和加州之间旅行，拜访了一所所重要的学校，报告了自己发现的教育方法方面的改进。”①

从报告来看，在这次考察当中，华虚朋显然更关注个别化教学。（要记得，他 1919 年才离开伯克的师范学院，开始在文纳特卡试行个别化教学法。）华虚朋在书中写道：“教育将迎来崭新的篇章，届时每个孩子都将成为他自己。位于前沿的那些学校，已经看到了黎明的曙光。……孩子们被干瘪的事实塞满了。由于不能了解他们的兴趣和欲望、不能了解他们在思维和性情上的不同，孩子们不得不像畜群那样，被成群地从一个年级驱赶到另一个年级。他们总是被迫像鹦鹉一样学习，而不是被培养为更好的人。他们的能力被忽视了，以便有更多的时间进行心智训练。而且，这往往是一些不愉快甚至无用、有害的训练。在离开学校那一天，他们常常不那么自信、不那么快乐，不能独立思考、不能应对生活中遇到的问题。看起来，这简直还不如完全不去上学呐。”② 这里所说的“崭新的篇章”“黎明的曙光”，重点即在于个别化教学，它反对的对象是伯克所说的“齐步走式的教学”③。因此，毫不奇怪，我们可以在书中读到大量有关照顾儿童个性差异的观念和做法：（1）昂德尔公学的一位教师说：“我们从不让一个孩子失败。如果某个学生在古典课程方面显得没有任何才能，我们就会给他提供更多现代语言

---

① Carleton W. Washburne & Myron M. Stearns. *Better Schools: A View of Progressive Education in American Public Schools*. New York: The John Day Company, 1928, p. vii.

② Carleton W. Washburne & Myron M. Stearns. *New Schools in the Old World*. New York: The John Day Company, 1926, pp. vii-viii.

③ Frederic Burk. *Lock-Step Schooling and a Remedy: The Fundamental Evils and Handicaps of Class Instruction; and A Report of Progress in the Construction of an Individual System*. State Normal School at San Francisco, Monograph Series A, 1913.

和科学课程。如果他在某门科学上没有崭露头角，我们就尝试另一门。……我们不会给所有男孩同样的教育。我们努力发现每一个人的才能，然后尽可能充分地发展它们。”（2）巴西特学校采取的是道尔顿制，其中自然包含道尔顿制的核心设计，即个别作业时间。这里的一个学生说：“在这段时间，我们可以学习任何自己选择的东西，或者进入任何一间研究室。”（3）麦金德学校因为有全套供低年级使用的自学材料，实现了在大班额环境下面向幼儿的个性化教学。（4）对于克伦斯科孤儿院，华虚朋评论道：“只要教师有意去捕捉儿童生活提供的机会，那么即使有各种常规、即使要实现各种确定的目标，他们的教学也仍旧有可能保持弹性。……如果利用当前的机遇，把教学与儿童目前的感受结合起来，而不是等待早已确定的教科书提供的教学时间，那么教学和生活的距离就不会那么遥远了。”（5）在汉堡学校，教师们为个别化教学给出了自己的论证：“一个孩子和我们共同生活了八年，每天都可以自由地发问，可以谈论生活中让他感兴趣的那些问题。你真的相信，还有什么重要的东西会被遗漏吗？……你能不能举出哪怕一个这方面的例子，非常重要可是又在这种为期八年的生活当中被完全忽略了？”

此次欧洲之行，华虚朋同样看到很多旨在发展儿童社会性的努力，这进一步巩固了他对于文纳特卡的团体活动与创造活动的信心。从20世纪20年代中期开始，文纳特卡大概一半的学校时间被用来投入这类活动。这很可能就受到《欧洲新学校》报告的此类见闻的影响。这方面的学校见闻例如：（1）彼得莱斯学校男女合校，学生可以获得更自然的两性交往经验。（2）英国基尔斯利的奥尼尔校长相信：“只要每个孩子的想象力都被唤醒，只要每个孩子都能领会到学习的乐趣，只要每个孩子都能建立起某种责任感，那么即使在某些方面不如一般学校的孩子，不能了解那么多的历史事实，不能同样快速、准确地完成算术难题，那又有什么关系呢？”华虚朋评论道："自由究其本质而言就是自治。……一个无法管理自己的孩子，永远也不可能成长为一个自治社会的合格公民。只有认识到这一点，我们才能真正认识到自由的力量。"（3）库西内学校采用的是设计教学法："在分组活动中的劳动分工，允许每个孩子做自己最擅长的事，这是确保信心的一个最重要的举措。小组当中最擅长写作的人负责写作文，最擅长拼写的人负责订正拼写，如此等等。在这样的社交活动当中，每个孩子都能够认识到自己的弱点，同时也有能力运用自己的强项。"（4）格拉里榭学校有学生自治的经验："在必要的时候，有的事情的确要由教师来主导，但其余的事情就都可以交给学生做决定了。这样，学生们就可以在自己掌控的范围内，完全免除教师的干扰。"

在本书结论部分，华虚朋对于"未来教育"给出了七项结论性描述。这些描述可以说至今都还有鼓舞人心的力量：

（1）"让学校组织不要那么死板，而是更有弹性、更容易做调整，让学校组织可以匹配儿童的需求和兴趣。"

（2）"让儿童获得更大的自由来安排自己的日程和学习、来发展自己的兴趣、来完成调查研究。"

（3）"让教师可以更多地和孩子们在一起，这样教师就可以深入了解他们中的每一个人，让自己的教学适应每一个人的需求和兴趣。"

（4）"让学校生活与校外活动的联系更为紧密，让学校学习与儿童感知到的生活需求之间保持某种紧密的联系。"

（5）"让教师可以充满伟大的理想和崇高的目标，因为这样的教师在无意中带来的影响比书本学习的影响还要大。"

（6）"让儿童被当作个体，允许他们按着自己的节奏来进步和发展，让每个人的独特需求和能力成为可能的最完满的发展的基础。"

（7）"让儿童可以通过分组活动的密切合作，在社会团结和互助意识方面得到发展。"

在这些描述当中，（1）（2）（3）（6）更多强调“个性”，（4）（5）（7）更多强调“群性”。调和个性与群性，是华虚朋对于未来教育的期待。

1931 年 2 月 16 日上午，华虚朋在上海大夏大学的演讲中，对比了 1922 年欧洲之行看到的德国汉堡学校与 1927 年访问苏联时的见闻。① 他在演讲结尾处说道：“个人是社会的部分，而每人自身是倚靠社会，就是每人亦得牺牲自己而就社会。再重复地说：我相信现代的幼童新教育，不仅是要发展自己，而且要使教育先有计划的社会化！结果，才可以得到美满的收效。”从这次演讲可以看出，20 世纪 20 年代的这次欧洲教育考察，不但已经触及个性与群性的主题，而且这个主题还将会一直延续在他今后的教育考察之中。

（二）《苏俄普通学校》（1928）

1927 年夏，一个美国工会代表团访问了英国、法国、比利时、荷兰、德国、波兰以及苏联。他们此行的主要目标是苏联，这也是一行人访问时间最久的国家。（自威尔逊政府开始直至罗斯福当政，美国有近十六年时间不承认苏联。1927 年正值苏联成立十周年，美国人尽管对这个新政权十分好奇，但是此时的美苏交往仍只能以民间形式开展。）代表团中除一两位成员只在苏联停留十四天以外，多数人在苏联停留了六周左右。代表团在苏联期间，见到了当日苏联的一些重要人物，包括斯大林、缅因斯基（国家政治保卫总局局长）、加里宁（国家元首）、契切林（外交部长）、卢那察尔斯基（教育人民委员，类似于教育部长）、施密特（科学家）、托洛茨基，以及数百名苏联基层官员、平民。② 代表团内负责教育考察的是改

① 华虚朋讲，郑镛记：《现代幼童教育》，《大夏周报》1931 年第 99 期。

② Stuart Chase，Robert Dunn & R. G. Tugwell. *Soviet Russia in the Second Decade*. New York：The John Day Company，1928，p. xii.

造主义教育哲学家乔治·康茨（George S. Counts）。平克维治的《苏俄新教育》就是在康茨的建议下编辑而成的，康茨也为该书写了一份热情洋溢的序言。① 华虚朋在从欧洲返回美国的轮船上结识了康茨，正是康茨邀请华虚朋加入到了此次苏联之行。②

对于中文读者来说，同时期访问苏联的最著名的人物当属杜威。纽约时报曾报道称，杜威的众多作品被翻译为俄语，并且用于指导苏联学校体系的建设。③ 苏维埃政府教育人民委员卢那察尔斯基“亲自”邀请杜威访问苏联。1928 年 7 月 13 日杜威抵达莫斯科，并且一直在这里待到了 8 月 14 日。杜威此行见到了苏联进步

---

① Albert P. Pinkevitch. *The New Education in the Soivet Republic* (Translated by Nucia Perlmutter). New York: The John Day Company, 1929. 这个英译本有中译本：[苏] 平克维治著，丁时译：《苏俄新教育》，世界书局 1934 年版。

② Patricia Albjerg Graham. Carleton Wolsey Washburne: A Biographical Essay. In Robert J. Havighurst (Ed.). *Leaders in American Education*. Chicago, Ill.: The University of Chicago Press, 1971, pp. 487-494.

③ Vladislav Ryabyy. A Horse Derby, A Missed Connection, and Hiking through the Alps: John Dewey's 1928 Visit to Soviet Union. *Maneto Undergraduate Research Journal*, 2018, 1(1), Retrieved 2021-1-30, from: https://tuljournals.temple.edu/index.php/maneto/article/view/81. 杜威在当日苏联的影响，还可以从另一个侧面看得到：举世闻名的苏联教育家马卡连柯，曾被称作“苏联的杜威”。当然，这种说法就跟蔡元培在杜威六十岁生日会上把杜威和孔子作比一样——基南（Barry Keenan）根据此事，在书中直接把杜威称作“美国孔子”（Yankee Confucius）——都当不得真。但是，从中也确实可以看到杜威在当日中苏两国的影响力。参见：Robert J. Holtz. Makarenko and Dewey: Two Views on Overcoming Life Circumstances through Education. *Journal of Correctional Education*, 2002, 53 (3), p. 116-119；叶圣陶：《蔡元培的“杜威博士生日演说词”》，《新少年》1936 年第 9 期；Barry Keenan. *The Dewey Experiment in China*. Cambridge, MA: Harvard University Press, 1977, pp. 7, 35.

教育改革者沙茨基、教育人民委员卢那察尔斯基以及列宁遗孀克鲁普斯卡雅。在《苏俄印象》中，杜威写道："苏俄最突出的事实是这样一场革命，涉及对于人类力量的空前解放。这一点不仅对于这个国家，而且对于全世界都具有不可估量的意义。"①《杜威全集》在收录这本书时有评论说"杜威是一长排善意人中的一个"②。在这一长排的访问者当中，完全可以把前一年访问苏联的华虚朋和康茨包括进来。他们参加的这个代表团，归国后提交了两份报告。第一份报告篇幅较短，其中仅有三页纸谈及教育问题："学生参与学校管理，在整个教育系统都得到了强调。"③ 这个印象与更早先出版的一份苏俄教育观察报告完全一致。这份报告的作者参观了一所学生自治的示范学校："'示范学校'的口号是自由，这是一种连卢梭在他最狂野的想象中也不会梦想到的自由。"④ 在代表团第二份报告中收录的康茨的文章里，饱含着对于苏联教育的信心："自十月革命以来的十年间已经取得了巨大的成就。……如果苏俄人民能够成功解决自己的经济问题，如果教育能够得到像计划所设计的那样慷慨的支持，如果这个国家能够得享半代人的和平，如果当前

---

① John Dewey. *Impression of Soviet Russia and the Revolutionary World Mexico-China-Turkey*. New York: New Republic, Inc., 1929, p. 15. 本书部分章节有中文译本：倪文宙：《杜威的苏俄教育印象谈》，《教育杂志》1929年第3期、第4期。

② [美] 西多尔斯基：《导言》，载杜威著，孙宁、余小明译：《杜威全集·晚期著作（1925—1953）. 第3卷（1927—1928）》，华东师范大学出版社 2015 年版，第17页。

③ Union Labor. *Russia After Ten Years: Report of the American Trade Union Delegation to the Soviet Union*. New York: International Publishers, 1927, p. 66.

④ Charles Sarolea. *Impressions of Soviet Russia*. London, GB: Eveleigh Nash & Grayson, 1924, p. 94.

的政府继续当政，这里正在发生的教育实验将成为历史上最伟大的教育实验。”① 康茨的社会改造理想，在这篇报告中溢于言表：“今日苏俄的新学校，致力于保卫和培育战争年代建立起来的新社会秩序。为此，当前的教育实验值得全世界关注。历史上从未有过学校如此完整和有意识地指向一个伟大的社会目标。”②

在代表团的第二份报告当中，康茨负责报告高等教育、工厂学校和扫盲教育，华虚朋负责报告三到十六七岁儿童的常规学校教育。代表团在访问期间得到了极大的自由，可以在地图上自由指定自己要访问的学校。最终，他们参访的学校分布在三个地区，分别是莫斯科地区、伏尔加河地区以及涅瓦河流域。多数访问要依靠翻译，少数教师和管理者可以用德语或法语与访问者直接对话。因为参观的时间是当年 8 月、学校还未开学，所以华虚朋一行只在一个学前班和工厂学校看到过学生。华虚朋的报告记录了这唯一一次观察：“……全体儿童都集合在学校前面草地上，举行阳光沐浴。儿童们把衣服都脱下了，仰卧草地上，赤裸裸地在阳光里曝着。男孩一组，女孩稍微隔开些另为一组。过了几分钟，教师给他们一个暗号，所有儿童都立即滚转仰卧草地上。末了，教师叫他们起来跑到那两位教师旁边，这两位教师是站在那里拿着一个大的橡皮自来水管，用冷水向儿童喷洒，儿童们捉水的捉水，嬉笑的嬉笑，依次轮流玩耍。那些年轻的小孩都带着手巾各处飞跑，各人用手巾把自己的身体揩擦干净，穿好衣服，布置桌椅，准备午膳。”③ 除了这点

①② George S. Counts.（1928）. Education in Soviet Russia. In Stuart Chase，Robert Dunn & Rexford Guy Tugwell（Eds.）. *Soviet Russia in the Second Decade*. New York：The John Day Company，1928，pp. 268-303.

③［美］华虚朋著，林仲达译：《苏俄教育之最近概括》，《教育杂志》1929 第 1 期。

描述，华虚朋还在文章中对当日苏联教育给出了很高的评价①：

> “全世界上所有最新的方法和观念，苏俄都已采用了。苏俄教师们和教育行政人员们都能深切了解杜威教育哲学的原理、道尔顿制、设计教学法、男女同校和职业的训练，不论哪种教育上的观念和计划，他们都在那里着手试验。
>
> “苏俄的学校是劳动者的学校。他们所教的材料都是日常生活里此时此地种种实际的、活泼的、有兴趣的事物，不是教那种没有实用的抽象的智识。苏俄正在那里准备造就许多工厂里的劳工、田园里的农民、办公室里的书记、学校里的教师，以适应国家的需要，而不是仅养成一班拿到文凭不适用于任何一种特别工作的知识分子。苏俄正在准备训练这样的公民，使他们都能深受现代有势力的哲学的思想的感化。共产主义赖教育的宣传，使它本身永久巩固不至于动摇。苏俄的执政者都知道任何政府可以倾覆，但是他们知道教育之深入群众的心中是永远不能铲除的。
>
> “就我个人所知道的，现在世界上实在没有一个国家像苏俄一样也有一个国立实验的学校之伟大制度。”

可惜的是，这篇文章的中文译文是节译本，省略了华虚朋对苏联教育的其他评价。② 比如，在学校教育上与贫穷有关的缺点，华虚朋列举了 9 条，分别是：（1）教育并未普及，有 15%—30%的

① ［美］华虚朋著，林仲达译：《苏俄教育之最近概括》，《教育杂志》1929 第 1 期。

② Carleton W. Washburne. The Common Schools of the R. S. F. S. R. In Stuart Chase, Robert Dunn & Rexford Guy Tugwell (Eds.). *Soviet Russia in the Second Decade*. New York: The John Day Company, 1928, pp. 204-323.

儿童并未入学；（2）入学时间短得可怜，多数儿童仅入学三到四年，每年入学九到十个月，许多农村地区儿童每年上四个月的学；（3）学校设备奇缺；（4）学校建筑亟待修缮；（5）教师训练不足；（6）与其他工作岗位相比，教师薪酬微薄；（7）教科书供应不足；（8）班额大，农村地区师生比可达1∶43；（9）职业选择过早完成。另外，文章还列举了其他与贫困无关的学校教育问题。比如，因为采用新教育方法、允许学生自治，结果学校纪律奇差、学术标准很低。此外，对于学校中的共产主义教育和无神论教育，华虚朋也给出了自己的评价。这些内容在中译本中省略了。

在《人类再造者》（1932）当中，记录了华虚朋第二次访问苏联（1930年）时的观察。“在新社会、在新学校，个人的作用是帮助实现新的秩序，个人完全服从集体，也就是服从于共产党或者无产阶级。”① 华虚朋发现，很难说服受访者相信在个别意识和集体需求之间可能存在冲突。“‘个人是集体的一部分，如果他真是集体主义的，那就不会有冲突。如果他不是集体主义的，我们就教育他成为那样。’”②华虚朋对此评论道：“我个人觉得灌输太多，个人自由思考的空间太少，他们所说的科学也是极端教条化的，是19世纪中叶的实证唯物主义和对于沙皇俄国社会条件的原始反叛，以及适用于各行各业的现代工程原理的奇异混合。但作为一个例子，通过有组织的、经过深思熟虑的教育，朝着一个明确设想的目标重建人类社会，俄国对世界其他国家来说是一个鼓舞人心的例子。”③在《什么是进步教育》（1952）当中，华虚朋对于苏联教育的评价

①②③ Carleton W. Washburne. *Remakers of Mankind*. New York：The John Day Company，1932，pp. 166，167，185.

已经相当负面了。①

尽管华虚朋的记录和评论带有对苏联教育的偏见，但是其中关于个性和群性（个人主义和集体主义、儿童中心和社会中心）的关切是明显的。换句话说，华虚朋不把这个问题当作一个单纯的教育问题，而是把它和更一般的社会发展方向问题建立了联系。

（三）《更好的学校》（1928）

在从欧洲返回美国的轮船上，华虚朋结识了斯特恩斯。二人合作撰写了一系列文章，主题包括美国学校变革、文纳特卡的个别化教学以及华虚朋刚刚完成的教育调查。在撰写这部分文章期间，斯特恩斯同时访问美国各地，寻找不同的新教育方法。在合作完成《欧洲新学校》以后，两位作者认为："最大份额的工作并没有完成。今日美国教育出现了一种强烈的不安。美国公立学校的教学方法和结果有如此多的不同，这提出了一个复杂的问题。家长和教师

① 华虚朋比较了自己两次访问苏联的见闻："在我 1927 年初次访问苏联时，学校当中有一种古怪的民主和宣传的混合。在所有直接的、本地的事务方面，在学校纪律方面、在学校经验方面，甚至是在学生打算学什么、怎么学方面，学校都出奇的民主。另一方面，他们教科书的每一页上、所学课程的每一部分、所有有组织的活动当中都有共产主义灌输。到了 30 年代的大清洗以后，民主和灌输之间的不相容就已经很明显了。学校内的民主实践，形成儿童太多的独立思考。年轻一代不再能与层层叠加的灌输保持一致。结果，政策突然出现了一次逆转。学校里的民主元素消失了，学校课程开始变得程式化和传统，服从、学业表现、接受程度，开始替代 20 年代的进步教育实践。"（Carleton W. Washburne. *What is Progressive Education*. New York：The John Day Company，1952，pp. 47-48.）另外，华虚朋也曾在别处比较过两次访问德国的见闻："在（第一次）世界大战和德国革命以后，一度出现了对于旧方法的反叛，这导致了类似汉堡这样激烈的教育实验。在这里，教师克制自己不要灌输什么观念或者课程给儿童。……但是钟摆自然回到了原来的方向，到了 1931 年这个趋势就开始变缓了。"（Carleton W. Washburne. *Remakers of Mankind*. New York：The John Day Company，1932，p. 204.）

对于传统学校教育的不满，要为这样的不安负很大一部分责任。同时，这部分家长和教师也同样感到困惑，对新方法的结果感到困扰。他们想要改善自己的学校，他们希望从他人的实验当中寻找最好的，然后给自己的孩子提供一种更新的、更丰富的教育经验。但是，他们并不知道该怎么办。”① 杜威曾经这样批评当时的进步学校：“进步学校通常是由那些对已有学校不满，然后又找到了志同道合的教师的父母们来发起的。他们往往只是对传统教育和本地学校感到不满，而没有想好替代的政策和目的。”② 但是，“教育哲学可不仅仅意味着对比、反对和抗议得来的教育方法，教育哲学应该去发现教育是什么、教育如何发生。”③ 杜威对进步教育运动的批评，从另一个角度印证了华虚朋和斯特恩斯观察到的“强烈的不安”——人们对更好的学校有渴望，但是不知道那会是怎样的；人们知道自己要反抗什么，但是对于自己要追求的东西，却没有一个证据确凿的答案。这部《更好的学校》就是为了回应这样的不安。

本书“试图挑选出一些最重要的新的教育理念，并用成功制定这些理念的学校的具体实例加以说明。”④尽管作者说这本书志不在学术表达，但是华虚朋此时已经开始担任进步教育协会的副主席，他在书中的这些调查、对比、评论，可以认为是在这个主题上的一次重要梳理。《更好的学校》在《欧洲新学校》之后出版，对《欧

①④ Carleton W. Washburne & Myron M. Stearns. *Better Schools*: *A View of Progressive Education in American Public Schools*. New York: The John Day Company, 1928, pp. viii, ix.

② John Dewey. How Much Freedom in New School. In Jo Ann Boydston (Ed.). *The Later Works of John Dewey*, 1925-1953, *Vol*. 5. Carbondale & Edwardsville: Southern Illinois University Press, 1986 [1930], pp. 319-325.

③ John Dewey. The Need for a Philosophy of Education. In Jo Ann Boydston (Ed.). *The Later Works of John Dewey*, 1925-1953, *Vol*. 5. Carbondale & Edwardsville: Southern Illinois University Press, 1986 [1934], pp. 194-204.

洲新学校》中讨论的众多人物做了更充分的表达。所以，这本书完全可以看作《欧洲新学校》的姊妹篇，是对于当日欧美进步教育（新教育）学校的又一次系统回顾。只不过，前一本书更关注欧洲的情况，而这本书更聚焦于美国的情况。在这本书里，我们可以读到当日美国那些最著名的学校教育实验，比如分团制、葛雷制、道尔顿制、设计教学法、精神卫生学，当然也一定包括伯克和华虚朋的个别化教学。另外，对于当日非常热门的课程修订、职业指导、初中设立等问题也有专门讨论。

以当时非常著名的道尔顿制为例，华虚朋认为道尔顿制主要是一种管理工具，是在不改变课程的前提下，让学校适应儿童的一种做法①。也可以说，道尔顿制可以适用于选用任何课程的学校。学校不设固定课时计划，学生可以在每个时段自由前往任何"学科实验室"，自己支配时间。随即，华虚朋举出国内外一些教育同行的例子，这些都是不同于道尔顿制的做法，它们都通过改变课程本身让学校更适应儿童。比如，底特律的柯蒂斯、洛杉矶的萨瑟兰、旧金山的伯克。道尔顿制的"努力方向是让全体学生在一个月或一年内完成同样的内容"②，因此仍旧属于伯克批评的"齐步走式的教学"。可以看到，随着华虚朋教育考察的逐渐丰富，他在评估某一项具体教育创新举措时，已经有相当称手的参照系了。类似的，在文纳特卡的个别化教学当中，除了要自编教材，还要设计大量诊断测试。有了这个对比，华虚朋就能看到道尔顿制可能导致学生犯拖延症的问题：给定一个月的学习任务，学生可能会在

① Carleton W. Washburne & Myron M. Stearns. *Better Schools*：*A View of Progressive Education in American Public Schools*. New York：The John Day Company，1928，pp. 287-299.

② Carleton W. Washburne & Myron M. Stearns. *New Schools in the Old World*. New York：The John Day Company，1926，p. 22.

开头部分浪费大量时间，把太多任务留在月底。而且，因为道尔顿制仍旧采用传统课程、采用传统测验方法，结果学生是否充分掌握了每个单元是不太确定的。这样，虽然道尔顿制能够实现个别化教学，但是很难说达到了文纳特卡对于共同要素的那种完全掌握的要求。

再举一例：洛杉矶的萨瑟兰（Arthur H. Sutherland）是精神卫生学的倡导者。强调每个孩子都需要自信。他指责目前错误的训练体系经常破坏自信，使一个以前有成功可能的孩子最终失败。这和华虚朋本人的个别化教学思想高度一致。萨瑟兰说："一个迟钝的学生必须先向自己证明他能学习，然后他就可以证明给别人看。"① 华虚朋对于英国昂德尔公学的评论几乎完全适用于萨瑟兰："每个男孩子总有自己能够做得好的事情，从中他们可以得到乐趣、收获自信。"② 儿童的学术自信是精神卫生学的追求之一，也可以认为是倡导个别化教学的一个理由。萨瑟兰接着说："如今随处可见的学童的'愚钝'，在很大程度上是由他们的学校经历造成的。因此，通过专门针对他们特殊需求的教学，可以部分得到消除。那些发展迟缓或者'笨'孩子的教师必须懂得去分析教育上的麻烦、懂得如何提供重建性的训练。否则，她就并不比前人强多少。""对于那些从事'精神卫生'工作的人来说，迟缓的儿童总会提供很多意外。的确，他们是学校里受教育程度最低的群体；……他们不是'笨'，而是更难教。这是他们落后的原因。"类似这样鞭辟入里的教育实践和教育理念，在这本《更好的学校》里俯拾

① Carleton W. Washburne & Myron M. Stearns. *Better Schools*：*A View of Progressive Education in American Public Schools*. New York：The John Day Company，1928，p. 314.

② Carleton W. Washburne & Myron M. Stearns. *New Schools in the Old World*. New York：The John Day Company，1926，p. 12.

皆是。

本书最后一章的标题是《今日教育的两种运动》，其中一个可以称为儿童中心，另一个可以被称为社会中心：前者关注儿童自身，重视儿童在成长阶段需要什么。后者关注成人社会的要求，即社会对于个人有什么要求。华虚朋写道："不幸的是，美国的科学工作主要是在社会中心运动方面。即使从根本上说事情总是以儿童为中心的，比如智力测试也主要是为了发现孩子能吸收多少知识或技能。标准化测验、教学方法、课程研究、学校调查、统计方法和程序，主要关注的是社会对于儿童有什么要求，以及学校如何去满足这些要求。……关于怎样在身体方面更好发展儿童的科学研究出奇的少，关于心理和情绪发展的研究也同样如此。大多数儿童中心领域的作品，都是基于演绎推理、哲学、理论，以及一些未经记录的观察。这导致它被以社会为中心的科学工作者们所忽视或者至少是被轻视。"① 换言之，社会中心运动（比如贾德的课程研究、拉格的社会研究教材）和儿童中心运动（比如帕克的昆西学校、杜威的芝加哥实验）分属不同阵营，有不同的代表人物，实际结果就是在理念上的彼此排斥甚至反对。在华虚朋看来："个人的全面发展必定包括社会发展和满足社会需要的能力的发展，这就是这两方面为什么会互补的原因。前者通过进步教育协会得到了体现，在一些进步的、私立的实验学校，以及一些一般的指向自由、自我表现、创造性活动的更好的学校里得到体现。社会中心的运动是通过大学的研究部门、公立学校系统以及各种研究组织来表现自己。它的影

① Carleton W. Washburne & Myron M. Stearns. *Better Schools*：*A View of Progressive Education in American Public Schools*. New York：The John Day Company，1928，pp. 340-341.

响是主导性的，体现在大多数更好的美国公立学校当中。”① 华虚朋在这里说的两个运动的“互补”，代表了他在个性与群性问题上的最终立场。

（四）《人类再造者》（1932）

1930年12月至次年9月，华虚朋携夫人、女儿以及同事弗洛伦斯·布雷特（此前曾和华虚朋一道访问欧洲），完成了一次为期九个月的教育调查，以研究亚欧诸国的教育目的观。每到一个国家，他们都会拜访当地对于该国教育目的定位可能最有影响的人。一行人取道夏威夷，第一站访问日本；后经朝鲜来到中国，先后访问沈阳、北平、天津、南京、上海，见到了蔡元培、胡适、蒋梦麟、张伯苓、刘风竹、刘承恩、张学良、孔祥熙等人；离开中国后，经香港、马来西亚，到达印度，见到了甘地、泰戈尔以及未来的印度开国总理、当时尚且年轻的尼赫鲁等人；经波斯湾到达阿拉伯河流域，一行人拜访阿拉伯诸国，与影响伊拉克教育的一些人物交谈；横穿阿拉伯沙漠以后，一行人到达大马士革，见到了当地教育部长及国家领袖；继续前往巴勒斯坦，进而出发去往埃及，此后的目的地是土耳其；后搭乘苏联船只横穿黑海，到达乌克兰南部的敖德萨，经克里米亚和乌克兰，抵达莫斯科，见到了卢那察尔斯基的继任者布诺夫（Andrei Bubnov）、平克维治（曾访问过文纳特卡）等人；一行人此后又先后到访欧洲诸国，包括波兰、奥地利、德国、法国和英国，其间见到了爱因斯坦和教育哲学家斯普朗格（Edward Spranger）等人；回国以后，华虚朋在1931年12月召开的克利夫兰会议上，把他给世界各国教育领袖提出的问题拿了出来。现场参与讨论的有康茨、

① Carleton W. Washburne & Myron M. Stearns. *Better Schools: A View of Progressive Education in American Public Schools*. New York: The John Day Company, 1928, p. 338.

贾德（Charles H. Judd）等人，克伯屈、拉格（Harold Rugg）、波特（Boyd H. Bode）、沃森（Goodwin B. Watson）、赫钦斯（Robert Maynard Hutchins）等人书面做了答复。（一行人访问的其他许多政治领袖、科学家、哲学家、宗教领袖，因为不在今天人们熟悉的范围内，所以未予列出。）华虚朋此行得到朱利叶斯·罗森瓦尔德基金会（Julius Rosenwald Fund）2500美元的资助①，同时得到文纳特卡学校董事会的同意，允许他和夫人一道离岗九个月。考虑到这次旅行发生在美国大萧条（1929—1933）期间，又加上当时并不发达的交通条件，这次教育考察以及这本考察报告就更显得难能可贵了。

举例来说，华虚朋一行在沈阳见到了当时年仅三十岁的中华民国陆海空军副总司令张学良（华虚朋来访半年左右即爆发九一八事变）。《人类再造者》记录了张学良的教育目的观："人民的思想不能由少数几个领袖来领导，每个人都需要学会自己思考。如果像苏俄和意大利那样，让每个儿童想得都一样，那我们的努力是一定要白费的。等走出校门，他们就会反抗这种注入的思想。……因此教育不应当朝向一个预设的国家，而应该指向儿童个性的充分发展。"②

---

① William G. Meuer. *Carleton W. Washburne*：*His Administrative and Curricular Contributions in the Winnetka Public Schools*，1919 *through* 1943. Ph. D. Dissertation. Illinois：Loyola University of Chicago. Chicago，1988，p. 229.

② Carleton W. Washburne. Remakers of Mankind. New York：The John Day Company，1932，pp. 52-53. 本书虽然没有完整的中译本，但是其中的多个章节有过中文译作。第一章见现之译：《教育上几个重要的问题》，《教育研究》（广州）1934年第49期。第三章见由理译：《正在教育中的新中国》，《教育论坛》1933年第10期。第四章见由理译：《发展个性的印度教育》，《教育论坛》1933年第9期。第六章见方惇颐译：《新土耳其的民族主义教育》，《教与学》1936年第3期。第八章见方惇颐译：《波兰教育界领袖访问记》，《教育研究》1935年第63期。第十一章见方惇颐译：《英国几个学者的教育思想》，《教育研究》1937年第7期。

蔡元培对华虚朋说，不说别人坏话是中国人的传统。孩子们要在长大以后自己发现，原来英雄也并非十全十美。但是，在自己国家的所做作为上，最好一开始就向他们展示其两面性。① 书中又记录了胡适的一番道理：他用中国俗语中的“天高皇帝远”，来表明中国传统中的个人主义和个人独立性。②因为中国幅员辽阔，交通运输又不便利，所以注定会采取自由放任的政府形式。所以，胡适对于强调高度计划性的社会组织形式在中国的适用性是表示怀疑的。华虚朋说当日中国更加朝气蓬勃，不像日本那般老朽。他在中国所见除中央研究院院长蔡元培、南开大学校长张伯苓以外，其余多是25—30岁的青年在身居要职。类似这样珍贵的记录和观察，在本书当中多有记录，不胜枚举。

关于华虚朋此次亚欧教育调查更具体的行止，可以用一行人在中国的日程来做一个示例③：华虚朋一行2月1日抵达辽宁，3日在北平，4—9日在天津，12日在南京，13日到上海。在上海期间，邀请其演讲的单位包括复旦大学、劳动大学、暨南大学、沪江大学等。其中，华虚朋13日抵沪以后，14日分赴复旦大学、劳动大学、沪江大学及市教育局演讲，15日先在中华慈幼协济社演讲（题目是《家庭之儿童训练问题》④），下午3时赴华东基督教教育会演讲（题目是《精神卫生与儿童教育》，沪江大学教授钟鲁斋任翻译），下午7时在银行公会举行公宴（即蔡元培致辞那次，现场由钟鲁斋任翻译），16日上午赴大夏大学演讲，下午4时赴工部局

---

①② Carleton W. Washburne. *Remakers of Mankind*. New York：The John Day Company，1932，pp. 65，58.

③ 总务部：《美国教育专家华虚朋将来沪》，《寰球中国学生会周刊》1931年2月10日（总第387期）；总务部：《华虚朋博士已赴欧》，《寰球中国学生会周刊》1931年3月10日（总第388期）。

④ 华虚朋：《家庭之儿童训练问题》，《慈幼月刊》1931年第10期。

东西北区三小学演讲（陈鹤琴任翻译），晚 6 时赴中华儿童教育社参加宴会，17 日上午赴暨南大学演讲，18 日离沪。

华虚朋此行的目的是考察："世界各地的教育思想领袖是否意识到自己的目标？他们的目标是什么？不同领袖、不同国家的意见是冲突的、互补的，还是一致的？"[①] 具体来说，可以区分为三个子问题[②]：第一，教育可以在多大程度上作为塑造社会的工具？具体来说，就是在适应现存社会秩序、完全重新创造一个新社会秩序和在已有基础上再造社会秩序这三者之间作何选择。第二，在教育目的方面，面对民族主义和国际主义当如何选择？具体又细分为：(1) 是否教育儿童以国家需求为重，把个人良心放在次要位置，抑或相反？是否教育儿童严格遵守法律，即使法律本身不正义？(2) 在本民族历史的教学上，是强调客观性、准确性，还是牺牲准确性以培养民族感情？是客观地对待他国历史，还是不惜一切代价让儿童相信本国才是正确的一方？(3) 是否允许儿童自由讨论存在分歧的现实问题？教师要不要对儿童的思想做引导？(4) 是否要教育儿童，使其不仅对本国而且对各国都负有某种责任心？如何调和爱国与爱世界之间的冲突？第三，关于个体和社会关系的问题以及精神卫生问题：(1) 教育应以儿童需求为中心，以成长过程中随机出现的兴趣和需求为教育手段，还是要考虑那些普遍被需求的知识和技能、设计出内容范围确定的课程？(2) 公立学校是否应在儿童精神卫生或人格健全方面做努力？这方面的目的是否足够重要，以至于可以牺牲一部分投入在学业上的时间和金钱？

在本书最后一章，有这样一段话："因此个体的充分发展就成为教育的一个首要目标，但是这并非唯一目标。个体必须意识到，

①② Carleton W. Washburne. *Remakers of Mankind*. New York: The John Day Company, 1932, pp. 2, 6-11.

他是社会有机体的一个细胞，他的生存有赖于社会，也为社会生活贡献自己的存在。他必须意识到，世界的善是属于他自己的，他在成长和生活中处处受到社会的节制；他也必须意识到，他的善也是属于世界的，除非组成社会的个体健康且有活力，否则社会就不可能健康和有活力。”① 可以说，群己关系问题，是华虚朋此次亚欧教育考察最核心的主题。他以“手足”和“整个身体”的关系作比，讨论个人和社会的关系，认为会思考的个体才对社会整体福祉真正具有意义②。在本书结尾部分，华虚朋写道：“有社会意识和世界意识的个人，能够放心大胆地听从自己的良心，以应对良心与国家要求可能出现的冲突。他会质疑自己的意见和决定，知道自己也有可能犯错，他会根据国家福祉来权衡自己行为的后果。如果在此之后，他仍深信自己国家要求的行动最终会对国家本身有害，他就一定会拒绝采取行动。……对于国家安危来说，更重要的让大众和政党受那些胆敢拒绝错误行动的个体和少数派的制约，而不在于盲目的爱国主义和盲目的服从。”③我们如果联想到第二次世界大战时期出现的各种极端状况，就不难体会到华虚朋这些研究问题和发言的前瞻性。个性与群性的关系问题，既非无关紧要，也不容易回答。

（五）小结

教育应重视个性还是群性，这个主题在当日世界格局下具有举足轻重的位置。这个主题之所以在当时显得重要，不是因为个性或群性的选择会影响教学效率，而是因为当日世界开始出现两种制度之间的激烈竞争。包括杜威的《民主与教育》在内的众多作品，都是作者为应对民主危机提供的回答。克伯屈在讨论“让学校适应个

①②③ Carleton W. Washburne. *Remakers of Mankind*. New York：The John Day Company，1932，pp. 331，334，335.

体差异”的问题时认为，这个问题根本不只是操作性问题，而是涉及人类社会的基本主题，即个人如何与更广大的人群联系起来的问题。① 个性与群性问题被抬高到了如此重要的位置来看待！严复把密尔的《论自由》译作《群己权界论》，这个译法从侧面印证了个性与群性问题的重要性。吴俊升、克伯屈等人没有夸大其词。华虚朋在文纳特卡的教育实验与上述一系列教育考察，都是在寻求对这个艰难选择的恰当回答。

四、调和个性与群性的教育

上述对华虚朋办学实验和教育考察的介绍是分步完成的，但是华虚朋的所有教育考察都发生在他担任文纳特卡学监期间。即使在1930—1931年那次长达九个月的亚欧之旅期间，华虚朋也仍旧身兼学监一职。华虚朋在“自传”中使用“交织”（interwoven）一词来表达自己这两类经验之间的联系。② 更重要的是，上文已经表明华虚朋的实验与考察始终贯穿同一个主题——都是为了追寻更好的教育，以调和儿童的个性与群性。于是，他的上述两类工作实际上形成了相得益彰的局面：他的观察和评论并非泛泛而谈、说说而已的“戏论”，而会最终用来指导他的教育实验；他的教育实验并非出于狭隘的个人经验和个人偏好，而是对当日教育界重大争议的

① William Heard Kilpatrick. An Effort at Appraisal. In Franklin Bobbitt，B. R. Burckingham，Stuart A. Courtis，William S. Gray，Ernest Horn，Jessie Mackinder，Helen Parkhurst，A. H. Sutherland，Mary A. Ward，& Carleton W. Washburne（Eds.）. *Adapting the Schools to Individual Differences*. Bloomington，Il：Public School Publishing Company，1925，pp. 278-286.

② Carleton W. Washburne. An Autobiographical Sketch. In Robert J. Havighurst（Ed.）. *Leaders in American Education*. Chicago，Ill.：The University of Chicago Press，1971，pp. 457-481.

一种追问和回答。拉格的《美国教育之基础》（*Foundations for American Education*）被克雷明（Lawrence Arthur Cremin）誉为到当时为止对进步教育最完整的表述。① 在这本书当中，我们可以看到进步教育协会从儿童中心过渡到社会中心的历程。华虚朋调和个性与群性的选择，要放到这个背景中去才能彰显其独特性。

在分专章描述当日教育领域的儿童中心运动和社会中心运动之后，拉格总结了进步教育协会自身的转向："从 1919 年冬季成立，到第二次世界大战爆发，这个协会（指'进步教育协会'）在思想和兴趣方面指导了进步运动。第一个十年是儿童中心的，注意力放在从事自由职业的小学领导者身上，主要成果是围绕'儿童兴趣'即兴创作的一个个'工作单元'。在第二个十年，在大萧条期间，进步教育协会领导的主要对象开始变成教育和心理学方面的大学生。这些训练有素的教育实验者，开始对青少年和成人社会进行坦率而大胆的研究……"② 其中，在第一个十年的"开拓期"，教育测量还未发达，"工作人员的那些努力只是基于个人经验所提供的有关儿童的知识和理解。"③实际上，拉格与人合著的一本回顾和评论新教育前四分之一世纪历史的书，就取名《儿童中心学校》④。这个时期有关进步教育的文献，也主要是在讨论自由，讨论如何创造活泼的学校、用儿童主导来替换教师主导，以及如何围绕儿童兴趣设计学校课程。一些对公立学校感到不满的家长和教师，在众多私立学校开展了诸如此类的工作。他们富有热情，但是往往没有接

---

① ［美］克雷明著，单中惠、马晓斌译：《学校的改变》，上海教育出版社 1994 年版，第 375 页。

②③ Harold Rugg. *Foundations for American Education*. Yonkers on Hudson，NY：World Book，1947，pp. 603，562.

④ Harold Rugg & Ann Shumaker. *The Child-Centered School*. Yonkers on Hudson，NY：World Book，1928.

受过多少专业训练。总之，进步教育协会在第一个阶段的确更强调儿童中心。

进步教育协会在第二个十年发生的改变，被克雷明概括为“进步教育运动的职业化”①。这个时候，一批接受过科学训练的专业人员开始进入进步教育领域。比如，在1926—1929年，一些有心理学、社会学和科学方法背景的人物开始在进步教育协会的董事会任职，包括华虚朋和拉格本人。结果，最初出于对公立学校的不满而开始进行教育探索的各界公众的角色开始被边缘化，进步教育参与者的来源开始收窄。这种职业化被认为是导致进步教育运动内部分裂的一个原因。30年代还有一个更重要的影响因素：受“大萧条”的影响，社会重建开始成为被广泛讨论的议题。举例来说，由克伯屈任主席、康茨主编的《社会前沿》(*The Social Frontier*) 杂志第一期上，有这样一段话：“经济中的个人主义正在终结，以社会生活的密切整合、以集中规划和控制为特征的时代已经开启。”②受到测验运动和经济大萧条等因素的影响，进步教育协会已经不再像开拓期那样以儿童为中心了。随着协会成员组成的改变，进步教育协会的重心开始从小学转向中学、转向对儿童和青少年的心理学研究。这些都更具科学色彩，也更加注重社会需求，是此前那些仅凭一腔热血的家长和教师无法胜任的。

1932年，在华盛顿的一次著名演讲当中，康茨直接警告进步教育协会：“如果进步教育是真正进步的，那它就必须从（殷实）阶层的影响中解放出来，勇敢直面每一个社会问题，面对生活的残酷现实，与社会建立有机的联系，发展现实且完备的福利理论，引

① ［美］克雷明著，单中惠、马晓斌译：《学校的改变》，上海教育出版社1994年版，第384页。

② Harold Rugg. *Foundations for American Education*. Yonkers on Hudson, NY: World Book Company, 1947, p. 580.

领一种引人瞩目且具有挑战性的人类命运的愿景，而不像今天那样害怕强制和灌输。一言以蔽之，进步教育不能再信任儿童中心学校了。"① 在《处在十字路口的进步教育》(*Progressive Education at the Crossroads*)一书当中，波特(Boyd Bode)指责进步教育从未真正从卢梭的自由主义中解脱出来："进步教育正站在道路的岔口上，民主的问题正成为所有生活关系中最迫切的问题。……如果进步教育坚持片面地吸引个别学生，那么它将在环航世界之后而落伍。"② 曾经热烈赞扬过杜威《民主与教育》的李普曼(Walter Lippman)，开始猛烈批评公立学校："现代学校没有共同的信念，没有共同的原理，没有共同的知识，没有共同的道德和学术纪律。然而，却有人指望这些现代学校的毕业生去形成一个文明的社会，指望他们管理自己，指望他们具有社会意识……"总之，进步教育协会早期的儿童中心倾向，这时已经成了一个广受批评的对象了。进步教育早期倡导的对个体差异的尊重，被刻意曲解为必定会败坏公共福祉和社群精神的极端个人主义。

在进步教育发生风向转换的当口，华虚朋已经是进步教育运动和进步教育协会的中坚力量了。但是，他的立场既不同于杜威、克伯屈，也不同于康茨。前一个区分，前文已经谈到过了。华虚朋把人人必须掌握而且是必须充分掌握的学科课程内容称为共同要素。对于共同要素，华虚朋采取了个别化教学法，"与杜威把进步课堂当作一个共同体的主张正好相反"③。华虚朋要以尽量匹配个人准

① George S. Counts. *Dare the School Build a New Social Order*? New York, NY: The John Day Company, 1932, pp. 9-10.

② 波特和后文李普曼的发言，均转引自：[美] 克雷明著，单中惠、马晓斌译：《学校的改变》，上海教育出版社 1994 年版，第 358 页。

③ Arthur Zilversmit. *Changing Schools: Progressive Education Theory and Practice*, 1930-1960. Chicago: University of Chicago Press, 1993.

备程度的方式，让每个学生实现相对于自己来说的学习速率最大化。华虚朋不相信这部分学习可以完全依托项目活动来实现，认为那不但会导致有什么学什么、有一点儿学一点儿的“随心所欲”式的教学法，而且也会因为教师对于内容覆盖面的忧虑，最终败坏活动的自发性和创造性。同属于杜威一派的教育哲学家波特也对设计教学法有类似的质疑：“最好将项目一词限定在机遇式学习的本义上，否则最好暂时不要谈论项目法。”① 读过《杜威学校》和克伯屈指导的那篇著名的博士论文《一种项目式课程实验》（*An Experiment with a Project Curriculum*）的人，都会有这样一种疑问②：教师到底要不要干预学生的活动设计？教师怎样确定学生完成了恰当数量和品质的学习？我们如何才能确保自己的目标正在得到实

① Boyd Henry Bode. *Modern Educational Theories*. New York：Macmillan，1927，p. 165. 中译本为：［美］波特著，孟宪承译：《现代教育学说》，商务印书馆 1930 年版。

②《杜威学校》详细记录了六至八岁儿童的主动作业。（参见：［美］梅休、爱德华兹著，王承绪、赵祥麟、顾岳中、赵端英译：《杜威学校》，华东师范大学出版社 1991 年版。）《一种项目式课程实验》描述了克伯屈设计教学法在农村学校的应用，为克伯屈的主张及儿童中心的教学方法提供了来自一线的实证基础。（参见：Ellsworth Collings. *An Experiment with a Project Curriculum*. New York：The Macmillan Company，1927.）柯林斯在 1917—1921 年在麦当劳县担任县督学，在其下 3 所农村小学试行其博士生导师克伯屈的设计教学法。尽管我十分诧异，可是这篇博士论文后来曾被指造假：Michael Knoll. Faking a Dissertation：Ellsworth Collings，William H. Kilpatrick，and the ‘Project Curriculum’. *Journal of Curriculum Studies*，2006，28(2)，pp. 193-222. 另外，据说克伯屈本人后来也有意放弃“设计教学法”这个概念，尽管这个概念事实上已经成了他的代名词。（参见：Michael Knoll. “I had Made a Mistake”：William H. Kilpatrick and the Project Method. *Teachers College Record*，2012，114(2)，pp. 1-45. 这篇来自德国学者的文章，在克伯屈工作过的哥伦比亚大学师范学院的杂志上作为首篇文章刊发，这也是一件颇为有趣的事情。）

现？华虚朋相信："如果一种课程包含对学科内容共同要素的有计划的学习，同时又通过主动的、允许特定兴趣和创造性活动的机会来加以平衡，那么共同要素就可以根据儿童的准备情况在适当的时间学，可以与其应用结合起来，因此也可以结合儿童的兴趣，这时候就可以在保存优点的同时规避儿童中心课程的那些缺点了。"①

华虚朋与社会中心一派的关系更加微妙。"对于苏联的实验，华虚朋从来没有像他的一些同事们那样狂热。在 20 世纪 30 年代早期，他就在推迟康茨的《对教师的呼吁》（*A Call to the Teachers of the Nation*）② 的出版上表现出了这种含蓄的态度。"③ 这种"含蓄的态度"很难理解，因为华虚朋本人也在反复强调儿童的社会意识，但是这种社会意识绝对不是康茨等人所说的个人对于集体的服从，或者为了某种伟大的社会目标而牺牲个人福祉。在《什么是进步教育》中，华虚朋对康茨的另一本小册子发表过评论："协会出版了康茨的小册子《学校敢于建造一种新社会秩序吗?》

① Carleton W. Washburne. *A Living Philosophy of Education*. New York：The John Day Company，1940，pp. 231-232.

② 该报告以康茨为主席，充满了对教育参与社会秩序重建的热情，高唱教师的作用、高唱个人对于集体的服从："工业社会这一既定事实应该予以接受，停止对过往农业时代的怀旧眼光，勇敢接受当前的挑战，承认当代秩序合作互赖的特点，并将民主传统从个人主义经济基础转变为集体主义经济基础。……在整个学校计划当中，应该强调社会的发展而不是利己主义的冲动：个人扩张的动机应该服从于社会目的。在升学实践中，在学校活动中，在学生、教师和行政人员的关系当中，休戚与共的合作共同体的理想应该占上风，再适当考虑特殊知识和履行社会责任的要求。" The Committee of the Progressive Education Association on Social and Economic Problems. *A Call to the Teachers of the Nation*. New York：The John Day Company，1933，pp. 21-22.

③ Patricia Albjerg Graham. Carleton Wolsey Washburne：A Biographical Essay. In Robert J. Havighurst（Ed.）. *Leaders in American Education*. Chicago，Ill.：The University of Chicago Press，1971，pp. 487-494.

(*Dare the School Build a New Social Order*?)。尽管这本小册子实际上表明，学校实际上不可能建立任何公民不想要的控制学校和大学的社会秩序，但是因为现有秩序中的善受到了挑战，这事实上让许多保守派感到害怕。"①《学校敢于建造一种新社会秩序吗?》，在经济大萧条期间出版，不久以后就爆发了第二次世界大战。当时美国社会正弥漫着一股保守的氛围。结果，康茨这本主张要打碎一切、完全重建的小册子，让进步教育和进步教育协会的声望一落千丈，这种状况一直贯穿在进步教育协会的最后十年当中。进步教育协会 1919 年成立，到 1944 年改名为"美国教育联谊会"(American Education Fellowship) 直至 1953 年改回原名 (1955 年宣布解散)。从这也可以窥见"进步教育"在最后十年的社会声望状况。虽然没有明言，但是华虚朋在言语之间是把进步教育的衰落部分归咎于康

① Carleton W. Washburne. *What is Progressive Education*. New York: The John Day Company, 1952, p. 79. 康茨的主张其来有故。在给平克维治《苏俄新教育》英译本的"序言"中，康茨写道："假若俄国目前的实验被容许自然地成就起来，那么这样的事似乎是完全得有的：即迄今以来在人类历史中还不曾实验过的正式教育的力量，将被实验。依据教育原动力的支配，以指示社会进化的路径，这是可能的事吗？这个问题是历代哲学家方面一个得意的冥想的问题。苏俄对于这个问题可以给予一个解答。在一方面，我们看见一种教育计划，从顶至踵是为完成一个十分确定的目的——一个集体主义的社会秩序之建设——而组织的；在另一方面我们看见一种非常宽广的教育计划。今日俄国的国家教育制度，不仅包含一个为后一代人的学校制度，而且还包含一个为成人的学校制度，并包含报纸、图书馆、剧场和电影院、美术院和博物院、青年俱乐部和共产主义者协会，以及事实上，除开家庭和教会，一切社会上有组织的教育机关。现时俄国国内在这样远大的教育制度与社会生活之不合式的教育影响中间进行着的斗争，确是一种伟大的光景。"(参见［苏］平克维治著，丁时译：《苏俄新教育》，世界书局 1934 年版，第 3 页。) 这段话表达了康茨的改造主义教育哲学。华虚朋在 1930—1931 年的亚欧教育考察中，就曾把这种改造主义式的推倒一切、完全重建的方案作为一个选项，来征询亚欧各国教育意见领袖的看法。

茨的。

总之，华虚朋对于科学方法在教育实验中的应用是高度赞赏的，所以他支持拉格，并且在自己的文纳特卡教育实验中高度重视教育测验；但是，对于个人中心和社会中心取向，他并不简单说哪一方完全对、哪一方完全错。当然，我们不要把华虚朋的“调和”立场，等同于那种乡愿式的“兼顾”——以为说要“兼顾”就真可以在事实上兼顾“个人取向”和“社会取向”。在学校生活的无数细节当中，处处存在不同立场之间的冲突。华虚朋的最大贡献就在于，不但追问个性与群性的关系问题，而且在实践中探索个性与群性的调和。其中，共同要素的教学和团体活动与创造活动（也可以说是学科课程与活动课程）的刻意隔离，是华虚朋最重要的一个创举。这是让他不同于杜威、克伯屈，也不同于拉格、贾德等人的地方。尽管这种做法在理论上不那么精致优美，可是这也正是华虚朋让人佩服的地方：不为了理论的精练，牺牲自己的教育信条，即使这个信条暂时得不到一以贯之的理论说明。在这个问题上，华虚朋是一个诚实教育者的典范。

《人类再造者》最后一页写道：“个人主义，如果没有和集体主义取得平衡，那就是一种破坏性的力量。集体主义如果不能允许个人思考和行动的自由，那就摧毁了构成社会、赋予其生长和生命的活细胞。教育必须高度关注个体本身的发展，关注社会的成长和发展。我们的教育思想和教育规划必须深入人心，要认识到世界的善是自己的，自己的善也是世界的。”① 这段话可以看作华虚朋的核心教育追求，其中的内容不但在他的言论中，也在他的教育实践中得到了体现。尽管时间已经过去了大半个世纪，我们今天仍旧可以

① Carleton W. Washburne. *Remakers of Mankind*. New York：The John Day Company，1932，p. 339.

追问同样的问题：我们正在办理的教育，怎样处理个性与群性的关系问题？拉格说："我亲眼所见他（注：指华虚朋）二十年来的重要工作，使文纳特卡公立学校既以社会为中心，又以儿童为中心，并在美国及海外传播他的信息。我相信，在这两件事情上，他做的比美国教育史上的任何一位督学都要更加成功。"①

五、结论与讨论

1931 年 2 月 16 日下午六时许，华虚朋在上海工部局北区小学礼堂演讲，儿童教育社上海分社及工部局东西北三校教职员工共约七八十人在场，现场由陈鹤琴担当翻译。在演讲之后，陈鹤琴代表上海各团体给华虚朋赠送绸幛，上书"造福儿童"四个大字。陈鹤琴把这四个字解释为"make children happy"。其中"造"译为"make"，"福"译为"happy"。华虚朋于是追问，"儿"和"童"分别是什么意思。以此为契机，陈鹤琴向他解说了"华虚朋"这个中文名的意思："华虚朋博士到我们中华来，做一位很谦虚的朋友"。我记录这则往事，是因为它可以牵引出一个重要判断。国内以往对华虚朋的介绍，多将其在文纳特卡的工作概括为"文纳特卡制"，类似于"道尔顿制""葛雷制"，以为文纳特卡教育实验是一套固定的做法。② 可是，华虚朋本人并不喜欢这样的看法，多次强调文纳特卡没有一套固定做法，他主张自己的经验并非固定不变，而是随时有可能改变。（本文第二部分已提供过证据。）

就我目力所及，目前一共有四篇以华虚朋及其文纳特卡教育实

① Harold Rugg. *That Men may Understand*：*An American in the Long Armistice*. New York：Doubleday，1941，p. 304.

② 李宏军：《文纳特卡制的大要》，《教育杂志》1928 年第 7 期；钟鲁斋：《华虚朋氏与文纳特卡制》，《教育杂志》1931 年第 2 期；瞿葆奎、丁证霖：《"文纳特卡制"在中国》，《教育研究与实验》1986 年第 1 期。

验为研究对象的博士论文。① 其中 1962 年的这篇论文篇幅近 1000 页，且在提交前给华虚朋本人看过全文。这篇论文有一段写得很好的评价，正好契合我的看法："文纳特卡学校是一个教育实验室。教学计划会根据经验和研究不断进行修改。除非实现这一点，否则华虚朋的领导精神和全体教员的贡献就都将落空了。华虚朋丰富的思想与他的精力和行动意志的结合，创造了一种局面，在这种局面下，新挑战和新思想不断注入到学校系统中去。这些学校可以很好地比喻成一个漏斗，通过这个漏斗汇聚的是当时的主要教育思想。有五大教育运动，可以同时体现在文纳特卡：以儿童为中心的运动、承认个体差异的运动、科学运动、精神卫生运动，以及承认学校作为改善社会的工具的重要性。因为它们把 20 世纪上半叶发展起来的许多新教育方法结合在一个地方，所以文纳特卡的这些学校显得独一无二。"② 这种生长的可能性，应被理解为调和个性与群性这个任务的本性使然。克雷明说："尽管进步教育作为有组织的运动是失败了，但进步主义者所提出的许多永恒的问题和他们所建

① 这四篇博士论文分别是：(1) Smits-Jenart，A. M. *Le Système Pédagogique de Winnetka*. Bruxelles：Maurice Lamertin，1934.（2）John Tewksbury. *An Historical Study of the Winnetka Public Schools*：*From* 1919 *to* 1946. Ph. D. Dissertation. Illinois：Northwestern University，1962.（3）George H. Thompson. *The Winnetka Superintendency of Carleton Washburne*：*A Study in Educational Statesmanship*. Ph. D. Dissertation. Michigan：Michigan State University，1970.（4）William G. Meuer. *Carleton W. Washburne*：*His Administrative and Curricular Contributions in the Winnetka Public Schools*，1919 *through* 1943. Ph. D. Dissertation. Illinois：Loyola University of Chicago. Chicago，1988.

② John Tewksbury. *An Historical Study of the Winnetka Public Schools*：*From* 1919 *to* 1946. Ph. D. Dissertation. Illinois：Northwestern University，1962，pp. 691-692.

议的解决方法还是留下了。”① 这里提到的遗产，就包含华虚朋的主张和方法。

在定义什么是“进步教育”时，华虚朋明确说如果泛泛而谈，“进步教育就是持续进步的教育。进步教育没有固定的信条，没有固定不变的知识要去传授，不会永远固守一种办法。进步教育是有生命力的、持续生长的。”② 许崇清是在国内最早介绍文纳特卡教育实验的教育哲学家，他也不认为在个人与社会的关系问题上已经出现了答案：“统一个人的和社会的，而树立一元的立场，原是世纪末以来教育学界一个悬案。不独各学派之理论者为着要超绝个人的教育学与社会的教育学之对峙而设立一个第三立脚地都忙个不了，即在学习之组织上个人对社会和这个问题亦不知烦恼着多少实际家。现代社会组织之变化虽更加紧密地要求着这个问题之解决，但至今仍未得到一个正当方法。”③ 因此，我们不要把调和个性与群性，当作一个可以找到一揽子、标准化解决方案的问题，而要把它当作教育者始终要铭记于心的两个轴向。能够确保这种“调和”得以实现的，不是什么具体的举措，而是真正把这种调和当作自己追求的教育者本人。

《更好的学校》最后一段写道：“教育科学刚刚兴起，至今也只是在教育界的一角显露光芒。看到那么多的学校几乎完全没有受到新风气的影响，人们不免会陷入绝望。但是，只要他走进更好的学校，只要他和教育思想的领袖交谈，只要他能看到教育科学空前迅

---

① ［美］克雷明著，单中惠、马晓斌译：《学校的改变》，上海教育出版社 1994 年版，第 385 页。

② Carleton W. Washburne. *What is Progressive Education*. New York: The John Day Company，1952，p. 73.

③ 许崇清：《Winnetka system 与 Complex system》，《教育研究》1928 年第 7 期。

速的发展，他的希望就可以重新高涨起来。”① 华虚朋正是这样做的！他的教育实验和教育考察，正可以给迷茫中的教育者以希望。距离华虚朋在文纳特卡开始教育实验，已经有整整一百年过去了。可是，今天中国教育界仍旧到处弥漫着兴趣与训练、个性与应试、个人前途与社会需求之间的分歧。华虚朋的工作告诉我们，我们不能匆匆选定其中一方，而后拼命捍卫自己选定的立场。所谓的“平衡”只在行动中，不在口头上。华虚朋在一百年前的选择并未过时，如何去实现这种调和仍旧是我们面前的任务。我不相信，我们拥有的教育系统有多么糟糕，毕竟有那么多人从这里获得了希望和前程。但是，摆在眼前的任务同样显而易见：如何包容那些进度缓慢的人，让他们也能够在这里感觉到温暖，而不只是被制度机器粗暴碾压；如何让他们也能从这里看到希望，而不只是被别人当作代价；如何让他们也是学校的一部分，而不至于被排挤在隔绝孤寂之地。

最后，还有一点旁枝的讨论。美国历史上的一些闻名遐迩的教育创新实验，往往和某一任学监有联系：帕克在昆西的实验、华虚朋在文纳特卡的实验、帕克赫斯特在道尔顿的实验、柯林斯在麦当劳县的实验莫不如是②。因为有学区制的便利，这些教育者有机会一展胸中抱负，实现这样那样的地方性教育创新——他们的教育创新完全不是由自上而下的政策来驱动的。与这个情况不同，本文回

① Carleton W. Washburne & Myron M. Stearns. *Better Schools*：*A View of Progressive Education in American Public Schools*. New York：The John Day Company，1928，pp. 341-342.

② 这些教育实验背后的赞助人既拥有财富，又有心于教育改造，比如：帕克的赞助人埃蒙斯·布莱恩（Emmons Blaine）是联合收割机的发明人、工业大亨的女儿；帕克赫斯特的赞助人克兰夫人（W. Murray Crane）是马萨诸塞州参议员的太太。这种财富阶层的风气，值得记录下来。

顾的民国时期的几项实验，得益于当时的实验学校和附属学校制度。赵铁尘曾概括此类学校有四项职能，分别是实习（供师范生实习）、示范（作为地方小学的示范）、实验（开展教育实验）以及辅导（辅导本地小学）。① 除了本文提到的国师附小、厦大附小、福州实小，诸如东南大学附中、南京高师附小、江苏一师附小、北京高师附小等，都是民国时期办教育实验的知名学校。教育创新的土壤，是一个有价值的讨论话题。

① 赵铁尘：《实验小学或附属小学应该怎么样》，《教育杂志》1929 年第 7 期。